香港起飛

口述——鄭楚衡　達仁
筆錄——盧韋斯

自序

夢想或理想，對於很多香港人來說，是一件遙不可及的事。我們是幸運的少數能夠有機會將理想得以實現、將夢想得以成真。這是一本關於夢想的書，以及實踐夢想的記錄。回想整個夢想旅程，確實是有很多甜酸苦辣。在過程之中，主要感受到的是酸、苦和辣，很少嚐到甜，但在完成夢想後，剩下來的全部都是甜。有時想，可能正正因為之前的酸、苦和辣，令今日的甜變得更甜，更令人享受及回味。

在實踐整個計劃的過程中，有不少朋友及行內專業人士都在不斷向你說不能。可能就是因為自己倔強的性格，當人家越是說不能，反而不斷為我們增加動力向前行。我們相信做第一個，是要有付出的，這個亦都是夢想的特徵。不過，我們更想證明的，又或者是我們確信的，就是「香港人係得嘅」精神。沒有理由在其他地方的人可以做到，而香港人就不能。但不得不承認，有時香港卻是最困難的地方、令人最疲累的地方。所以堅持是有代價的，而我們最終都證明了「香港人係得嘅」。

可能很多香港人在了解這個計劃時，都認為這是一個人的夢想，但是我們可以跟大家說，這個曾經可能係一個人的夢想，但很快就成為幾個，以至十個，甚至五百個人的夢想，亦最終成為了一個「香港夢」。完夢的一刻，我們相信香港人，尤其是飛行愛好者，大家都應該有所觸動。正因為大家的支持，大家的堅持，這個項目才能夠得以完成，在此多謝香港人。

其實，這件事背後着實有太多幕後功臣要多謝，相信本書也未能盡錄。不過，我們想特別提一提的是一班百變的工程師。他們的出身都是工程師，但在這個項目之中，他們會離開他們熟悉的範疇，化身成為宣傳、運作、物流、電腦領域的專家，負責支援的工作。在我們心目中，他們每一個人都在為大家的夢想，放下己見，去成就這個共同的大夢想，這是很值得敬重的。我們亦希望透過本書，去感謝他們，並讓他們一同回憶這件有意思的事。

本書共分為兩部分，第一部分是記敘了七年的建造飛機經歷，而第二部分就聚焦於環球飛行的經歷。

希望各位讀者可以更了解我們走過的路，藉此有所啟發，以堅持為實現自己的夢想而加油，讓香港人向全世界證明：「香港人係得嘅！」

主佑香港。

鄭楚衡、達仁

二〇一七年六月

目錄

起　飛

上篇 香港

緣起：追逐飛機夢的男孩

鄭楚衡（Hank）的心情非常激動，他從狹小的駕駛艙看出去，妻子、兒女、父母、並肩作戰多時的團隊，統統都在跑道外歡呼。還有身後的好拍檔達仁（Gary），無不流露興奮的表情。兒時夢想，終於成真。

* * *

時間回到一九八〇年代，少不更事的Hank正跟着家人到台灣探親。他對飛機內所有東西都感到好奇；在他心目中，穿着整齊制服的飛機師或空服員都予人一種很專業的感覺；當父母給他買畫紙，他就會畫下一架又一架的飛機，每次繪畫，他總會發現飛機上有些細節是不知道的：飛機上有多少個窗？艙門在甚麼位置？不同型號的飛機有甚麼分別？

為了看得更清楚，他經常嚷着外公帶他到香港啟德機場。那裏有一家「世界之窗」餐廳，內有落地大玻璃窗，能一覽無遺看盡跑道上的飛機——這是他最快樂的童年回憶之一。

升上中學後，他對飛機的興趣有增無減，有限的零用錢幾乎都貢獻在飛機模型上，不論是民航機或戰鬥機，一概不放過。他對模型中每一件飛機部件都會仔細研究，遇到不理解的地方，更會主動到書店或圖書館，查找不同的飛機圖冊。當時坊

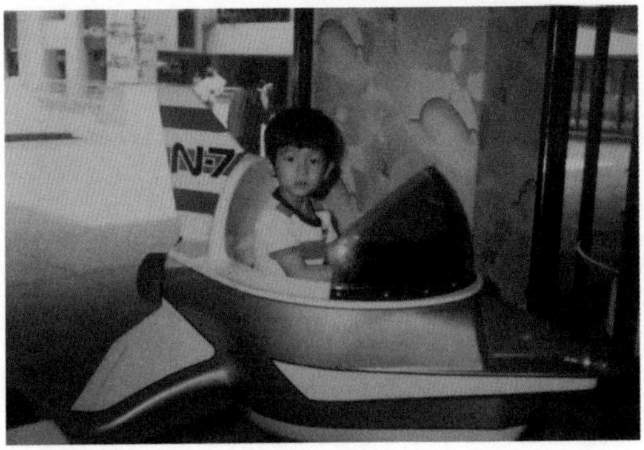
自小已熱愛飛機的 Hank。

間可以找得到的飛機圖冊絕大部分是英文書，於是他就逐字逐句的查字典；儘管仍是似懂非懂，卻教他樂在其中。班上同學沒有人不知道他是個「飛機痴」，甚至聽過他的宣言：「我要駕着自己的飛機環遊世界！」

可惜，雖然讀了很多關於飛機的書，但無助考試成績。初中時代的他，除了美術、體育及音樂三科，其他科目都長期不合格。

十四歲那年，Hank 舉家移民美國。

* * *

在香港，如果拿不出亮麗的考試成績，恐怕 Hank 的飛機夢早已醒來。

到了美國後，他的成績竟然突飛猛進——他發現同學都在用計算機做題目，自己卻不用計算機也能算得出來，那一刻，自信完全回來！早已習慣成績墊底的他，感到十分鼓舞，學習態度從此改變。美國的學習方法及讀書氣氛，讓他有機會順着自己的才能去學習和發展。

中學畢業時，Hank 的成績雖然並非名列前茅，但已足以讓他進入大學。他腦海裏只有兩條路：一是修讀「航空科學」（Aeronautical Science），另一條是修讀「航天工程」（Aerospace Engineering），簡言之，就是想未來成為「飛機師」還是「工

1

3 2

1 Hank 加入國泰航空公司成為飛行學員，實現他的飛行夢想。

2 一臉青澀的 Hank，可有想到他日會完成環遊世界的壯舉？

3 在阿德萊德接受駕駛小型飛機的訓練。

程師」。很快地，他已知道自己很想當飛機師。

不過，他的父母卻不贊成——修讀「航空科學」的話，日後出路會很狹窄，倒不如先修讀「航天工程」，既可以研究飛機乃至太空船，同時將來也有很大機會成為工程師。於是，Hank 留了一條後路給自己，進入安柏瑞德航空大學（Embry-Riddle Aeronautical University，英文簡稱 ERAU）修讀「航天工程」學位課程。

在航天工程學系待了一年，他發覺自己始終心繫駕駛飛機，與此同時，香港的國泰航空公司正展開「飛行學員計劃」，而且 Hank 發現民航機師的入職要求原來只需高中畢業。於是，他毅然決定報名參加。在面試中，Hank 不單在考官面前展露對飛機的熱愛，許多基礎的航空知識也了然於胸。結果，他成功獲得取錄。

Hank 很清楚「駕駛飛機」才是自己真正想做的事，所以決定輟學，並且不帶半點遺憾地回香港接受培訓。二〇〇〇年，他被安排到澳洲阿德萊德（Adelaide）接受駕駛民航飛機的訓練，進行訓練的地點，是位於阿德萊德 Parafield 機場的飛行學校 BAE System Flight Training。

飛行學校的旁邊是一間航空技術學校 TAFE SA，就在受訓期間，Hank 發現該校的學生竟正在自行建造一架小型飛機，這讓他大感驚奇。一個小學時的笑話再次浮現腦海——他曾經問過：「不曉得哪裏有 1:1 比例的飛機模型賣呢？」同學笑他：「比例 1:1 還哪裏是模型？那已經是真飛機了！」

他立即進一步了解，才知道這是由美國Van's Aircraft公司所生產的「組件飛機」（Kit Aircraft），買回來時只是零件及材料，有如模型飛機般，需要自行組裝。原來當地一位機師買了這套飛機組件後，不想費工夫自己組裝，於是便與這間學校合作：一則讓學生有建造飛機的實習機會，二則該位機師將可以擁有一架已完成的飛機。這種合作計劃，不僅在澳洲存在，在美國也有。

對Hank來說，這次受訓，最大的收獲除了是成功考取民航機師執照，就是發現原來真的可以買得到1:1比例的飛機組件，自行動手建造一架真飛機。

——那一年，Hank二十一歲。

第一章：飛機真的可以DIY

剛剛入行成為民航機二副機長，我確實躊躇滿志，閒時更會到家中附近的社區中心當義工，生活可算充實。轉眼兩年過去，我早已成為中心的常客，在一次義工服務中，認識了一位在中心工作的女社工。隨着一次又一次的合作，我跟這位年輕活力的社工越來越投契，在交往數年後，她就成了我的賢內助。

一直以來，我在她面前都可以坦誠的説出自己的想法；自行建造飛機的念頭，從剛開始認識時就已告訴她。雖然那些念頭在當時可謂不着邊際，但她從沒反對，甚至進一步問：「這想法很好啊！那麼你可如何去做？」所謂「夢想」，就是指連自己都覺得沒甚麼可能做到的事；假如她跟我説的是：「傻的嗎？你的錢很多嗎？少點作夢吧！」相信我便不會繼續作這場夢了；相反，正因她的全力支持，才讓這個念頭得以繼續發酵，並構思得越來越具體。

我知道，要實現這個夢想，絕不能單靠一人之力。

由於太太是社工出身，她知道許多學校都會與外界合作，舉辦一些課外活動，因此她提議可以先寫一份活動計劃書，然後再主動聯絡學校，看看能否讓學生前來一起參與。

這種與學校合作的計劃模式，我在澳洲受訓時就見過，在外國行之有年，然而那多數是非牟利機構與學校合作；而且在外國主要都是找工業學院的大專學生參與，但是，我卻鎖定對象為中學生，因為我深信：「**追尋夢想必須及早開始。**」引領一群中學生去發掘自己心中真正感興趣的事物，之後在他們成長過程中，才有空間繼續發展，甚至成為自己的專業。若進了大學才發現自己的夢想，而所選的學系卻與自己的方向不一，到時想轉跑道就十分困難了——若自己真正喜歡一件事，而把興趣成為自己的事業，那麼一輩子都不用工作了。

鎖定招募對象的年齡層後，還有就是要落實場地。我在航空公司任職，理所當然想到向公司尋找援助。我向公司提出申請後，很快獲得回應——公司允許將一些暫時空置的房間，借給我作工場之用。

一聽到這回覆，我頓時鬆一口氣，因為公司就在香港國際機場旁邊，建成之後要起飛一定十分方便。但再想深一層，這房間因為是暫時空置，所以才允許借用；萬一之後公司有其他安排，需要用到這房間，那麼當飛機只建到一半時，我可以搬到哪裏？先不說找不到地方搬，就算找得到地方另設工場，也十分麻煩。而且，要一群中學生常常專程來回機場，也十分累人。

我苦惱了一陣子，突然靈機一觸，如果，能夠直接在校園內開設工場，不但學生不必跑到老遠來參加計劃，自己來回學校的交通也方便得多……。

至此，我的盤算已有草圖，主旨就是：找一間位於市區的中學合作，校方只需要提供空間設置工場，並允許在校內招募學生義務參與，而計劃主持人（即是我）將會全額出資並帶領進行這項計劃，最終目標是建造一架可載人的小型飛機，並利用它進行一趟環遊世界之旅。

這一份「計劃書」，在我眼中簡直是無懈可擊！

當我對整個計劃該如何落實，總算有了初步概念之際，同一時間我收到一個天大的喜訊：太太懷孕了！

時為二〇〇七年。

＊　＊　＊

太太十月懷胎，很多瑣碎事情要準備，以迎接新生命的誕生；九個多月很快過去，我的女兒出世了！她是全世界最可愛的寶寶，我們為她起名睿儀。同一時間，我踏出了建造飛機計劃的第一步——到美國參加「RV小型飛機裝嵌課程」。

當我決定實行建造飛機的計劃後，就預計到很多事情需要逐一完成。首先，我得學習這門建造飛機的手藝。

這個由「自行組裝飛機組織」（或譯「實驗飛機協會」，Experimental Aircraft Association，簡稱EAA）開辦的「RV小型飛機裝嵌課程」，是一個入門級的課程。課程中，提供一套「假機翼」的飛機組件，目的是讓學員學會操作那些專門的工具，以及掌握一些相關的技術知識。

Hank到美國參加「RV小型飛機裝嵌課程」。組裝飛機的第一步，就是學懂使用工具。

兩天的課程轉眼完成，我對建造飛機這回事更添實在。事實上，這套RV系列的飛機組件，在全世界已有超過一萬套成功組裝並順利飛行的案例，而且生產商網站有一句非常誘人的說話：「建造一架飛機並不會很昂貴，基本消費大概只需要三萬元美金。」我稍作換算，折合約廿四萬元港幣，跟買一輛汽車的價錢差不多，自己實在負擔得起。（不用多久，我就知道廿四萬這數目根本是不可能的任務，那是後話了。）

當時我雄心萬丈，回到香港之後，立即開始尋找可以合作的學校，希望校方不但能夠提供建造飛機的場地，並能夠讓學生可以一起參與組裝工作。

尋找飛機夢工場

第一間聯絡的學校，是港島區內十分著名的學校。

二〇〇八年初，我致電該校介紹這計劃，並嘗試約見校長，但之後一直未有回音。於是我再致電校方，幾經爭取，終於得到該校同意接見。我當時很有自信，心裏覺得：「這個計劃那麼有意義，校方又不必付出甚麼，何樂而不為？只要校長聽過我的構思，一定會支持！」

終於到了會面的一天。我作了最充份的準備，來到這間歷史悠久的學校。就在

學校書記指示下，我先到一間課室，等待相關人員接見。我暗自納悶：「為甚麼不是直接去校長室，而是要在課室中等待呢？」

等了一會兒，終於來了一位理科老師。我跟他握手並自我介紹後，便問那位老師：「我們現在就去校長室談嗎？」

「不必去其他地方，我們就在這裏談吧。」

「但我本來是約見校長的，是不是有甚麼誤會了？」

那位理科老師有點不耐煩，他說：「校長今天有事，所以未能抽出時間。你有甚麼計劃，可以先跟我說，如果合適的話，到時再見校長也未遲。」

既然如此，我只好接受，開始向那位理科老師陳述自己的計劃。但才說了幾句，那位理科老師便打斷我：「我明白你的計劃了，的確是很有意義，不過由於學校經費有限，我們實在沒有辦法撥出資源去進行這計劃。」

我聽到對方的回應，不禁瞪大雙眼：「貴校實在不用擔心錢的問題，計劃書上寫得很清楚，一切費用都由我來承擔，不用花學校分文。」

那位理科老師的態度，似乎像是在打發推銷員；在聽到我的辯解後，神情反而顯得有點害怕，大概是不曉得我背後有甚麼動機。糾纏一輪之後，最終那位老師要我回家等消息。在這次洽談中，我沒見到校長的樣子，之後亦沒有收到任何消息。

時間是不等人的，我很快聯絡上第二間學校，這是港島區內另一間著名學校。

2 1

1 Hank 及他的賢內助 Simone。

2 2008 年，Hank 的女兒出世了！

吸收了第一次經驗，這次我堅持要見校長。但在現實上，校長不是那麼容易可以見到的，最後仍然只能跟一位老師面談。這次會面中，我跟那位老師聊了差不多個多小時。過程中他顯得十分感興趣，並向我保證會跟校長認真研究，如有決定將會再跟我聯絡。

離開時，我感到很樂觀，覺得這間學校應該願意合作。結果等了很久，仍是杳無音訊。之後我再去信另外兩間学校，結果都是石沉大海。至此，我開始有點灰心，究竟我還要找多少間學校？這計劃是否能夠實現？

就在這時候，我偶然跟父親一位好朋友閒聊自己的近況，並提到這計劃，當這位長輩聽到時，覺得十分有意思，正巧他認識一位中學校長，之後就在一次會面中跟那位校長提及。那位校長聽過後，對這項計劃很感興趣，並邀請我到該校會面。

無心插柳之下，我接觸了第五間學校，也是唯一一間女校——聖保祿學校（St. Paul's Convent School）。

游說聖保祿學校

二〇〇八年八月，我來到聖保祿學校。

甫踏進會議室，迎面即端坐着一位慈祥的修女。架着眼鏡的她雙目有神，精神飽滿，她就是聖保祿學校的校長——黃金蓮修女。黃校長兩旁分別坐了三個人，一位是副校長，另外兩位是老師。這次會面，對方看來相當重視。

我把握機會，向黃校長詳述自己的計劃，同時亦將我在美國上課時所製作的「假機翼」展示出來——我希望黃校長明白：我並非空口說白話。

我說完之後，黃校長向其中一位老師示意，那位老師想了一想，說：「這個項目應該可以與本校『火箭製作』的課程配合。」

我聽到後，立刻跟那位老師說：「你講的是不是許多中學都有做的那些『噴水火箭』？那是利用氣體壓力將水樽內的水噴出，來模擬火箭發射效果的玩意；但我現在所講的，是要建造一架真飛機、一架可以載人環遊世界的飛機！」

那位老師隨即表示明白，並笑說他們學校所講的「火箭製作」，是真的讓學生製造真正「噴火」的火箭！而且他們還會特別安排學生前往內地學習。簡言之，那位老師在告訴我他們正在做跟別人不一樣的事。

聽到老師如此回答，我一時間也反應不過來；顯然這家學校確實有些不同，我誠懇地再補充：「對校方而言，這個計劃可以讓學生學懂如何看圖則，乃至掌握許多專業的英文術語、科學知識，正好滿足校方推行科普教育的需要。」

一直默不作聲的副校長逕自發問：「其實你這個計劃，需要校方提供多大的空間？又需要資助多少經費？」

對於這問題我爽快回答：「不必學校出錢，飛機組件一律由我來提供。除了提供場地及招募學生參與之外，需要由學校方面提供的資源，大概只有學生必須穿着的工衣和小量金錢去買工具而已。」

「那麼我大概明白了。」至此，黃校長終於開口：「你的計劃的確很有意思，不過我們需要先作內部討論，研究是否可以配合。如有決定的話，我們會再邀請你來詳談。」

這次面談就此結束。經過之前的多次失敗，我只能以平常心看待，沒有抱太大期望。況且，一群女孩子究竟該如何幹這種體力勞動的工作？

＊　＊　＊

世事往往就是出人意表。

拜訪過聖保祿學校才兩三天，黃校長就致電給我，希望我再到學校一次，詳談這項計劃的合作細節。收到這通知，我知道成功在望了。

此時學校正值暑假，我一大早來到聖保祿學校，發現校內沒有多少學生；進入會議室時，黃校長已在裏面。我才剛坐下，她就單刀直入：「雖然現在已經是八月，不過如果我們希望你九月開學時就立即開展計劃，你有沒有問題？」

當下我喜出望外：「只要貴校願意合作，我當然願意配合！」

「不過我還有問題，」黃校長翻着手上的計劃書說：「你的計劃書上註明了一點，就是你會用這架小型飛機去環遊世界，那麼，這架飛機會在香港起飛？」

「我不敢保證一定能從香港出發，但至少一定可以在外國起飛。重點是，我們要做一架真飛機。」

黃校長凝重地說：「校方很擔心學生把飛機建好之後，最終卻不能起飛。不如你告訴我，香港有甚麼地方能安排讓小型飛機去作飛行？」

聽到黃校長的問題，我想了一想，便說：「關於小型飛機在香港飛行的事，可以向香港飛行總會了解……」

沒料到她聽了我這句話，便立即吩咐老師打電話聯絡飛行總會，希望約見。更沒料到的是，飛行總會立即接受約見，並迅速安排當天中午十二時在前啟德機場旁邊的會址內會面。這通電話收線後，時鐘不過剛剛十點。

儘管當時我已是一位民航機師，但在香港航空界也不過是個無名小卒。我陪同黃校長一同前往拜訪香港飛行總會，當該會的老前輩聽了這計劃後，便哈哈大笑起來，並告訴我：「你能擺平民航處才說吧！早前我們想購入一架 DA40，但民航處不批准，計劃亦只好打消。我們連買一架廠造的飛機也不獲批准，你的自製飛機又怎可能獲批准？」

「哦？是這樣嗎？」我的性格偏偏是遇強越強，當別人都說不可能、都說事情想得太簡單時，反而激起我堅持下去的決心。

比較持重的黃校長聽到飛行總會這般說法時，跟我說：「既然民航處那麼重要，你何不先去跟那邊了解一下？」

我十分明白黃校長的顧慮，我隨即獨自往民航處查詢。當時我聯絡了該處負責小型飛機的部門，並向該部門的官員說明自己的計劃。聽完我的計劃後，那位官員便說：「你的計劃並不是不可行，但是要通過的難度很高。首先，因為這件事在香港之前從來沒有發生過，所以我不能答應你一定可以獲批准。等你一切都符合本處的要求後，再要開一次會議作商討。這過程會是相當漫長，你必須清晰地告訴我們，你的計劃要如何實施，我們才有可能就你這個計劃來召開會議。」

聽了這番說話後，我一回家便立即再擬好一份計劃書，並發給民航處的那位官員。然而對方收到之後跟我說：「你的這個計劃暫時是不可能實現的，所以我們不會就你這個計劃召開會議。」

民航處直截了當亮起紅燈，那一刻，我再跟他們糾纏也做不了甚麼，然而相信「船到橋頭自然直」。我當然期望讓飛機從香港起飛，但萬一真的不行，後備方案就是改往外國起飛。其實許多國家早已為小型飛機設立認證機制，例如美國民航處對自行建造的小型飛機的發牌，基本上就只有五個步驟：

聖保祿學校校長黃金蓮修女（Sister Margaret Wong），是日後促成這個香港起飛計劃的關鍵人物。

一、購買飛機；
二、向處方提供飛機的資料；
三、處方委任認可人士為建造中的飛機進行檢查；
四、飛機建造完成；
五、通過試飛後，即可獲得發牌。

由於手續簡單，所以我自信建成的飛機一定可以取得牌照。在香港，由於之前從來沒有人做過，也沒有為此立下清晰程序，又沒有相關案例可以援引，所以才會出現那麼多不確定因素。但是，我從未擔心飛機沒有辦法起飛。

我帶着上述的答案再次拜會黃校長，並向校方作了一個承諾：「如果貴校願意合作，我保證建造出來的飛機一定可以飛上天，而且能讓學生看得見。雖然我無法保證一定能從香港起飛，但即使是最壞的情況，我一定能讓飛機在其他地方起飛！」

黃校長沉吟一番，然後直視着我。終於，她點頭了。

二〇〇八年九月，聖保祿學校新學年開學，自行建造飛機的計劃，正式在這校園展開。

第二章：St. Paul's 飛機工場

我在美國讀書時，校內的女同學都會一起學習金工及木工課程，工藝水平不見得會比男生遜色。但是，香港的女校大多不設金工和木工課程。而且，現在不是上一般的金工木工課，而是建造一架真飛機！為此，我在前置作業中也費了一番工夫準備和摸索。由於自己也是第一次建造小型飛機，所以在張羅工具之際，亦只能上網到外國一些建造小型飛機的論壇中找資料，參考那些過來人的意見。此外，校方特意出資從美國購買多廿五套「假機翼」的飛機組件，準備讓各位學生先行試作。

聖保祿女子工程隊——★

二〇〇八年九月中旬的一個星期三，我帶齊裝備來到聖保祿學校，建造飛機的計劃，要正式開始了。

我在負責這項「課外活動」的學校老師帶領下，來到學校六樓的一間空置課室，這就是接下來將要建造飛機的工作室。美其名是工作室，實質只有數張長枱和椅子，我帶來的所有工具，暫時只有鋪在長枱上。

＊　＊　＊

3　2　1

1　聖保祿學校的六樓課室。小型飛機的建造，就在這裏開始。

2、3　起初，很多女同學連錘子都沒用過。於是我教大家從組裝一件「假機翼」開始，讓她們熟習各種工具。她們越做越起勁，很快就上手了。

逢星期三的下午，是聖保祿學校的課外活動時間。我的這個項目，即被歸入課外活動之一，並被校方命名為「共建飛行夢成真」計劃。這項計劃由我主持（當然了），另外有三位老師參與協助。我們逢星期三就利用下午那三小時的時間，帶領學生進行這項「課外活動」。

由於報名人數眾多，經校方挑選後，最終有四十位學生能參與這項活動。參加者都是中二至中四的學生。我的計劃是，較低年級的二十位學生先由學校老師教授基礎知識；而高年級那二十位學生則可在我指導下開展不同工序。

第一堂課，面對這二十位書卷氣十足的青春少女，一下子我也不知該從何入手。我問大家：「桌上的工具，大家有見過嗎？」

舉手的不過一半。

我再問那些舉手的同學：「那麼你們有用過嗎？如果一件都沒用過，那就把手放下。」

結果只剩下兩三位同學仍在舉手。

我深呼吸了一下，便說：「好吧！那我先教大家如何使用工具。大家千萬記得，開工前一定要穿工衣，以及一定要戴眼罩！」安全永遠是我的首要考量，尤其在這樣的情況下。

就這樣，第一堂的時間全部都用在介紹工具的使用之上。然而，正因這群女孩

子大多連錘子都沒有用過，所以整堂課對她們來說從頭到尾都感到很新奇、很好玩，而且表現得很積極。這是一個好兆頭。至於那些特別為她們準備的「假機翼」組件，暫時就沒機會開封了。

＊　＊　＊

由二〇〇八年九月中開始，至同年十二月的聖誕節假期，這半個學期裏，我帶領學生每人製作了一隻「假機翼」；過程中先用半堂時間進行教學，剩下半堂時間就讓學生親手製作。

所謂「魔鬼就在細節裏」，建造飛機過程中的每個細節，都有可能影響飛機在實際飛行時的安全，例如每件材料的邊沿，都必須打磨至順滑為止，不容許出現些微裂口——這不僅是求漂亮，更是安全的考量，因為材料邊沿一旦出現裂口，除了工作過程中容易割傷別人，也可能在飛行期間造成斷裂，十分危險，因此必須一一向學生仔細說明清楚。

就在大家開始具備基礎技術及知識後，我終於訂購了RV-8型號小型飛機的第一件組件：機尾部分，當中包括飛機的垂直尾翼及水平尾翼，材料主要是鋁合金。

這架RV-8型號小型飛機是按組件購買的，我不必一次過付清全部費用；購買

☆

RV-8 小型飛機解構圖①

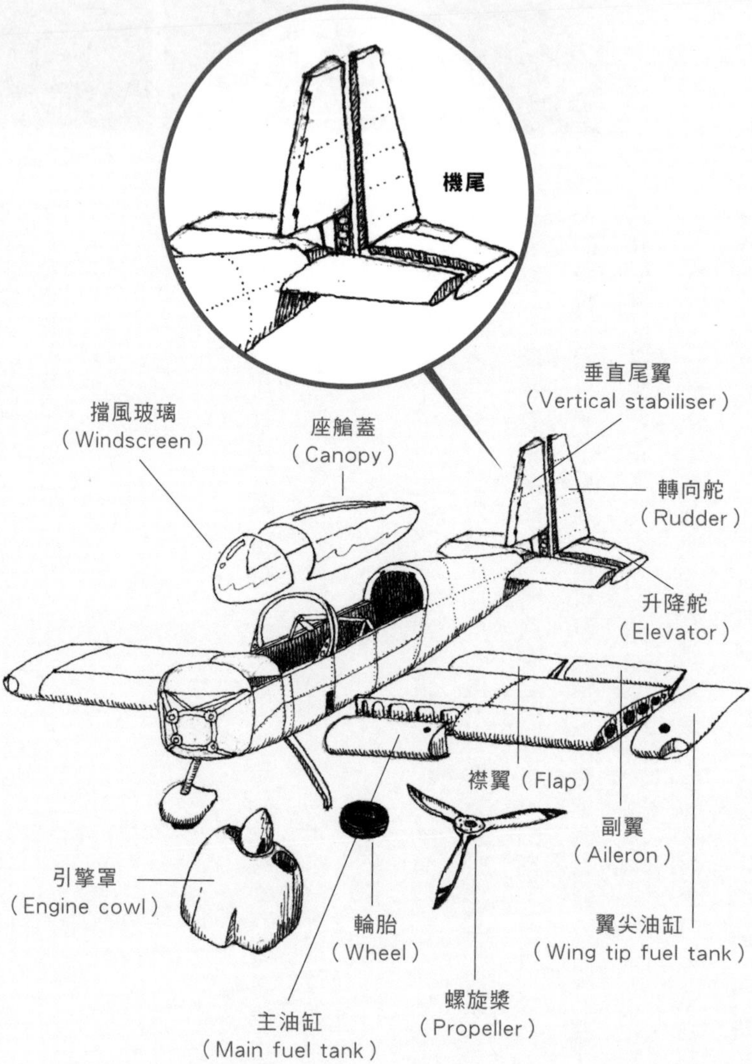

第一件建造飛機的組件：機尾。當中包括垂直尾翼和水平尾翼。

插圖：鄭楚衡

這件尾翼部分的組件，我花了約一萬五千元港幣，另加裝篏工具約六萬元港幣。機尾部分的組件尺寸不大，寄來香港的運費亦不算太高。

一開始，我已跟黃校長承諾由我負責飛機組件和飛機專用工具等費用，但學校仍嘗試向「優質教育基金」申請資助，可惜該基金認為這項計劃「不可持續」，予以否決；最後，校方決定撥款五位數字的金額作為起動資金，希望為我減輕負擔。我為學校多方面的支持而欣喜。至於我的算盤是：建造飛機的總成本約七十萬港幣，建造時間約三年半——當飛機完成之際，正是這群女學生中學畢業之時。

* * *

二〇〇九年一月，新學期開始，我所訂購的第一件組件已經到貨，這支「聖保祿女子工程隊」終於正式開始建造「真飛機」。

我在上學期大家製作「假機翼」的過程中，見到每位同學各有擅長的技術：有的擅長打磨，有的擅長透過鉚釘接合鋁合金（俗稱：打釘），有的擅長鑽孔，也有的擅長噴油。因此，我便按照每位同學所長，分配崗位，讓大家好好發揮，分工合作去建造這架飛機。

這班女生打釘鑽孔，忙過不停，看着她們全情投入的樣子，我想到為這架小型

3 | 1
2

1 - 3 2009 年 1 月，我所訂購的第一件飛機組件：機尾，分成兩箱送來學校。當中包括垂直尾翼及水平尾翼。

二戰時期的著名海報「We Can Do It！」，當中的女工形象，是否跟女學生們很相似？

飛機起名 Moody Rosie —— Rosie 是第二次世界大戰期間，美國「女子鉚釘工」（Rosie the Riveter）的形象，其中最能表達這形象的就是那張著名海報：「我們能做到！」（We Can Do It!）當時美國的男性幾乎都上了戰場，兵工廠內負責生產和製造的許多都是女性。至於 Moody，則是指這架飛機甚有「性格」。

當時我每次都會定下工作目標，希望確保工作都能夠有一定進展；那天一旦未能達標，便會心急想追上進度，結果越急躁就越做不好。我想，這架飛機就是要你很細心、很溫柔對待，不能硬來，否則就會發脾氣！後來，我也調整了心態：「不要急躁，今天不是要建成一架飛機，是打二十粒釘或把機尾噴油而已。只做一個小部件，而不是一整架飛機。」

當初預計以三年半時間完成，是根據飛機生產商出版的説明書來判斷的。那説明書指出，這款 RV-8 型號的小型飛機一般需時兩年便可建造完成，甚至有最快僅需十一個月就能建成的案例。當時我覺得以業餘方式行進，就算它要多花近一倍時間吧，所以便預計需時三年半了。

不過，就在正式開工建造第一件組件後，我已經發現，那些花兩年就可以完成的用家，不但全部都是全副心神投入去做，而且他們都有多次建造小型飛機的經驗；我自己則連最基本購買甚麼工具也需要研究，兩者跟本不能相提並論。

我一個人，帶着這班女學生，究竟要花上多少時間？

3 1 2

1 學生們圍着工程圖在研究。

2 這位同學正學習如何噴油。

3 學生們全神貫注在裝嵌機尾。

飛機組件外層，需要髹上一層綠色的底油，令飛機的金屬組件不易生鏽。油油是一門學問，也是藝術。幸而有雄哥出現——他屬於公司的 PAINTSHOP（髹漆部門），早在初期已經常來幫忙。在 HAECO 時，雄哥一班兄弟也會經常過來，他們可說是建造飛機計劃中，最早出現的一班專業人員。

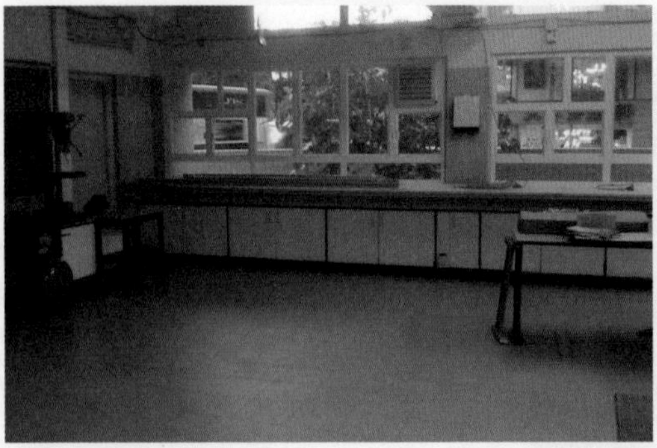

考慮到將來飛機組裝後要搬走，於是我們在2009年暑假過後，從六樓課室搬至一樓的工作室——這裏原是一間美勞教室。

從小工場搬到大工場

我們在校內建造小型飛機的消息不脛而走，在開工後不過短短半年，便吸引了《明報》記者專程來訪。

這是我平生第一次接受傳媒訪問，以為不過是普通的副刊採訪。沒想到，那篇報道竟在二〇〇九年五月九日《明報》的A版（港聞版）刊登，教我受寵若驚。那一篇報道，不但提及我如何帶領這群女學生建造飛機，也陳述了計劃初期遇到的阻力。

這篇報道刊登之後，吸引了一位飛機工程師的注意，這位仁兄，日後不單成為我的好拍檔，也成了我們整個「香港起飛」團隊中的支柱。

* * *

回說二〇〇九年一月開始建造「真飛機」起，我身邊許多朋友，以至公司同事聞訊後，紛紛主動來加入支援，結果只花了短短四個月便完成了機尾部分的製作。我信心大增，立即訂購了第二件組件——機翼部分。然而機翼的組件體積很大，光是成本便要過萬元美金，運費亦比之前昂貴得多。

由於將來會進行機翼乃至機身的組裝，我終於要面對這個問題——當飛機組裝好後，體積龐大，日後怎樣從這間六樓的課室搬走？

於是，我再次造訪校長室。黃校長聽了我的困難後，想了一想，便說：「好吧，就趁即將到來的暑假，把工作室搬到一樓的大教室吧。」黃校長一貫的快人快語。

作了決定之後，她隨即帶我到一樓去視察那間教室。這間教室有兩個一般課室的大小，原用作美勞教室。我舉目四顧，覺得這空間應該足夠我們建造飛機之用了。但我隨即發現另一個問題：「這間教室的門口太小，日後怎可能將飛機運出來？難不成要拆牆？」

沒想到黃校長爽快地回答：「這間教室的窗外就是銅鑼灣道，到你們要運走飛機時，我請人把教室的窗戶全都拆掉，再建一條木橋跨過圍牆，直接推上貨車就行了！」

那一刻，我真是對黃校長佩服得五體投地。

＊　＊　＊

就在第二件組件付款後約一兩個月，一個又長又大的木箱便寄到學校來了。開箱之後，我立即翻閱裝嵌手冊，發現製作機翼的過程中，必須先建造兩個架子來承

☆ RV-8 小型飛機解構圖②

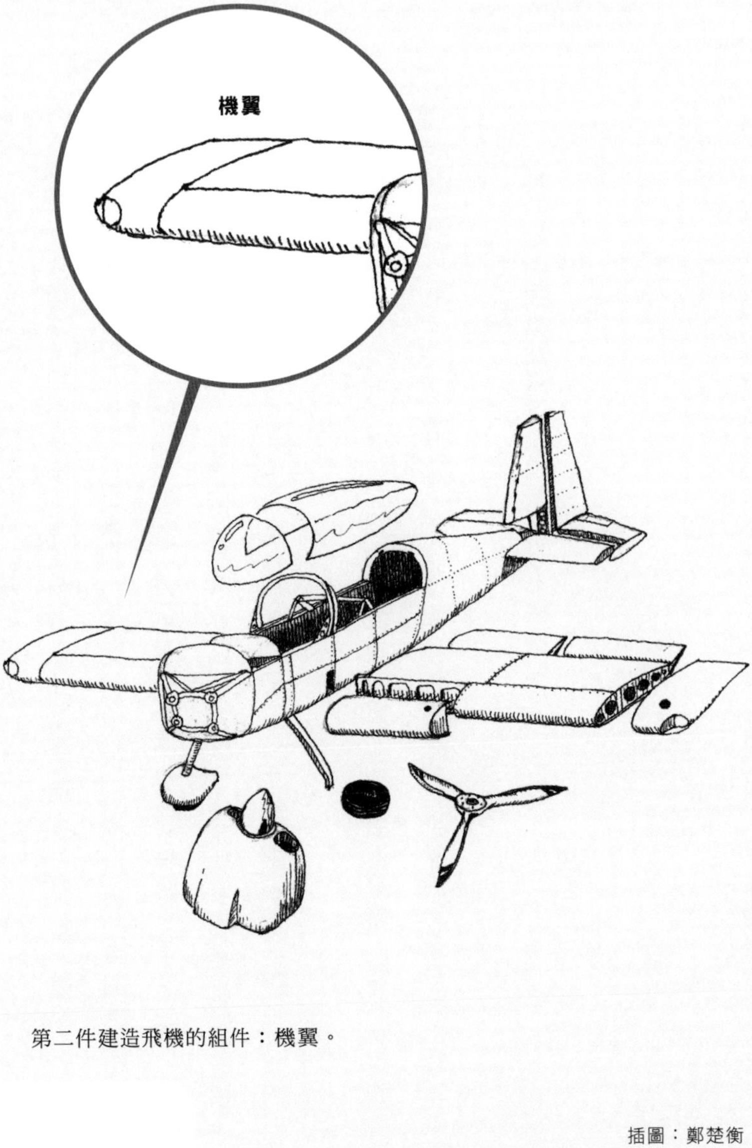

第二件建造飛機的組件：機翼。

插圖：鄭楚衡

托機翼，如果光用桌面來工作，成品很可能會出現扭曲。當然，手冊上提及的這個架子，並不包含在這箱組件之內，必須另行張羅。

時值學校暑假，雖然物資都已經搬到一樓的新工作室，但當刻學生全部都不用上學，哪裏有人可以幫忙建造這架子呢？我只好再一次硬着頭皮，向黃校長商量提供人力支援。

黃校長聽了我的困難後，隨即問我借閱手冊上那架子的規格、尺寸的圖樣，並跟我說：「不用擔心，我會請工友來幫忙，準備好時我再通知你。」

轉眼過了兩星期，暑假亦進入尾聲，此時收到校方來電說：「工友已經準備好，你可以到學校開工了。」

翌日我回到學校，準備跟工友們着手建造那個架子，豈料踏進新工作室，竟看見眼前已經建好這個架子了！這一刻，我心目中的黃校長彷彿背後散發着光芒，她簡直是幫助自己完成心願的天使。

＊　＊　＊

未幾，那位飛機工程師，終於登場。

工作室搬好、新組件寄到、承托用的架子已經建成，而暑假亦告完結，那

1 第二件組件：機翼。較機尾組件大型得多。

2 當我向黃校長提出人手要求時，她轉眼已替我安排工友做好這個架子。

3 架子承載着半製成的機翼。

1

3 2

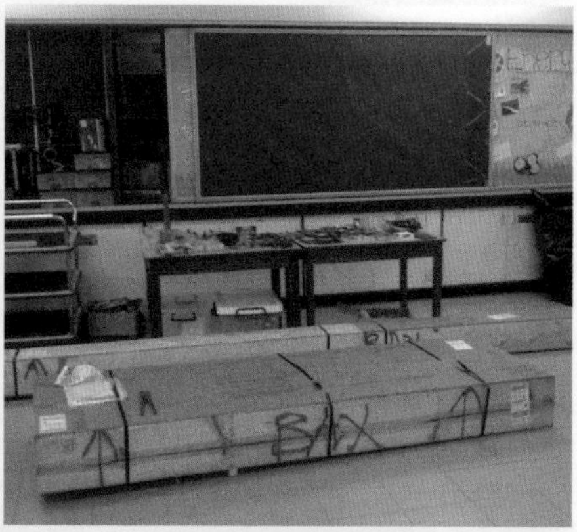

時是二〇〇九年九月的新學年。種種新的硬件和環境，彷彿意味着另一個階段的開始。那一刻，學校轉交到那封由一位飛機工程師撰寫的自薦電郵給我。

電郵是數月前寄出的，幾番轉折終送到我手上。我讀着這封電郵，從字裏行間，隱約察覺這封信是「國泰」中人寫的。

信中提及他在工作上經常與民航處接觸。看到這一點，我立即想到日後有他陪我一起交涉，定必事半功倍。於是，我決定與對方聯絡，並約了時間面談。事實上，這個項目被傳媒報道過後，越來越多人主動要求參與，然而當中許多只是來玩一玩，不但對工作的推展毫無幫助，甚至造成阻礙。所以，我對參與的人員開始有所要求——必須先通過面談，了解對方的態度後，才決定是否接受對方參與。

就在見面當日，一個胖胖的、經常掛上笑面的男人出現在我面前，他姓達名仁，英文名叫 Gary。

毛遂自薦的飛機工程師：達仁

畢業於香港大學機械工程學系的 Gary，從小就非常迷戀飛機。

二〇〇五年，仍是大學生的他成功申請到美國作交換生，為期一年。當時原定安排到加州大學（University of California），但其實，Gary 一直十分渴望趁這次留學美國的機會，修讀他最感興趣的飛機工程，由於加州大學並沒有任何與飛機相關的課程，於是他主動尋找資料，在校方認可下，找到另一間學校來申請。（那間學校，竟然就是我曾經讀過一年，後來輟學的安柏瑞德航空大學〔簡稱 ERAU〕）。

就在當交換生這一年，Gary 修讀了「航天工程」課程，課餘時間更自己去了學習駕駛小型飛機，並取得飛機駕駛執照。在 ERAU 的校園生活，與在香港讀書的氛圍完全不同：在學校裏，大家的話題總是圍繞着飛機，而且話閘子一開，大家一定十分熱烈地談論；相反，在香港時大家的話題很少觸及飛機或航天話題。對本身熱愛飛機的 Gary 而言，在 ERAU 中生活，可謂如魚得水，過得十分開心。當時 Gary 暗自定下目標：「將來出來社會之後，沒有自己的汽車不要緊，但一定要有一架屬於自己的飛機才行！」

大學畢業後，Gary 於二〇〇六年順利進入「國泰」成為見習工程師。光有大學機械工程本科畢業的學歷，不足以成為正式的飛機工程師，還需要考取許多不同的相關牌照才符合資格。Gary 入職之後，花了三年時間考獲所有相關牌照。二〇〇九年，他正式成為合資格的飛機工程師，並晉升為助理工程師。

* * *

2 1

3

1 Gary 趁課餘時間，學習駕駛小型飛機。

2 Gary 正在學習基本的飛機機身維修技術。

3 2009 年，Gary 晉升為國泰的助理工程師。

Gary 在安柏瑞德航空大學留影。

這年五月，Gary 正式成為飛機工程師後不久，就在《明報》讀到那篇聖保祿學校建造小型飛機的報道。建造屬於自己的飛機，這不就是他的目標嗎？Gary 將這則報道看完又看，不但在照片中看到一隻小型飛機的機尾，還看到那位受訪者受訪時所打的正是公司領帶。然而報章只刊登了「鄭楚衡」這個中文名，而公司內部卻只用英文名，所以 Gary 無法判斷那是公司中的哪一位同事。思前想後，Gary 決定冒昧寫信向學校自薦，並在信中交代自己的專業背景，願意向這個計劃提供專業援助。

可是，他等了又等，三個月過去了，就是一直沒有回音，Gary 決定大着膽子直接打電話到學校查詢。原來，那封電郵由學校老師收取之後，轉發到另一位主任的郵箱，而主任又轉發給副校長……，電郵傳來傳去，最終竟不知傳到哪裏去。若非 Gary 打電話來，那封電郵將石沉大海，往後的故事就完全不一樣了。

這時候，已經是新學年了。幾經轉折，終於，Gary 第一次跟「鄭楚衡」碰面。

* * *

就在這次面談中，我發現跟這位胖胖的、思路又十分清晰的 Gary 十分投契。我倆在同一間公司工作，換句話説，日後合作時許多事情在公司內就能處理，不必特地約出來面談，將會十分方便。對 Gary 而言，他當初的心願就是有想要一架私家飛機的心願，所以這個項目最終無論成功與否，過程中所得的經驗，日後也一定有用。很快，我正式邀請他加入這項目。

＊　＊　＊

二〇〇九年的秋季，Gary 第一次來到聖保祿學校這個建造飛機的工作室。

當身為國際級航空公司的飛機工程師 Gary，看到這樣一個工作環境時，平常說話多多的他，竟有半晌說不出話來。看見他這樣子，我隨即解釋：「其實在外國，人家只是在自家車房建造小型飛機。這裏的工作環境，比起外國的車房已經好很多了。」Gary 心裏很清楚，香港和美國完全是兩碼子的事——香港民航處只會以香港大型飛機的標準來視察，所以他也老實不客氣地說：「你們真是山寨之極！」

Gary 整理了一下思緒，續說：「其實你的認知並沒有錯，因為小型飛機的部件少，參與工作的人員數目少，飛行時搭載的乘客也少，所以實在沒有必要要求得那麼嚴格。但是，如果你想讓飛機成功在香港取得牌照，便一定要符合香港民航處的規範；而香港所訂立的規範，卻只是針對大型的民航客機，由於民航客機部件多，工作人員的數目多，搭載的乘客也十分多，為了保障安全，所以一切關於建造飛機的工作空間都有嚴格的規範。你不能以外國的標準，來應付香港本地的要求，因為

這張海報由同學們自製，提醒大家要有執拾工具的習慣。

彼此的要求是很不同的！」

於是，第一次來到工作室的Gary，完全沒有動手參與組裝飛機，反而是着手指導大家（當然包括我）應該如何改善工作環境。得到Gary的提點，我才知道原來與飛機不相關的任何零件，都不可以在工作室的現場出現。對於工作室的管理，我之前實在沒有花太多心思，當下也都一一按照Gary的指示作出改善。

此外，Gary還發現了一個嚴重的問題，就是學生在工作之後並沒有收拾工具和零件的習慣。我幾經考慮，終決定訂立「罰款」制度，我在工作室向全體學生說：「如果大家習慣了東西亂丟亂放，萬一遺留了一些組件在機身之內，日後將會造成十分嚴重的後果；而且，也很有可能不小心弄傷自己或同學，所以，每次活動結束後，我要求大家必須收拾妥當，若被我發現有任何遺留、沒有歸位的情況，我便拍下照片存證，並會對負責的同學作出每次五元的罰款！」學生們對這項新制度也沒有太大異議，反而好像有新的難關可以挑戰般，大家都突然精神起來。此外，我還要求同學自行製作海報在工作室內張貼，宣導大家要有收拾好東西的習慣。多管齊下之後，大家的工作習慣自此逐漸改善，而工作室的環境亦漸趨正規了。

* * *

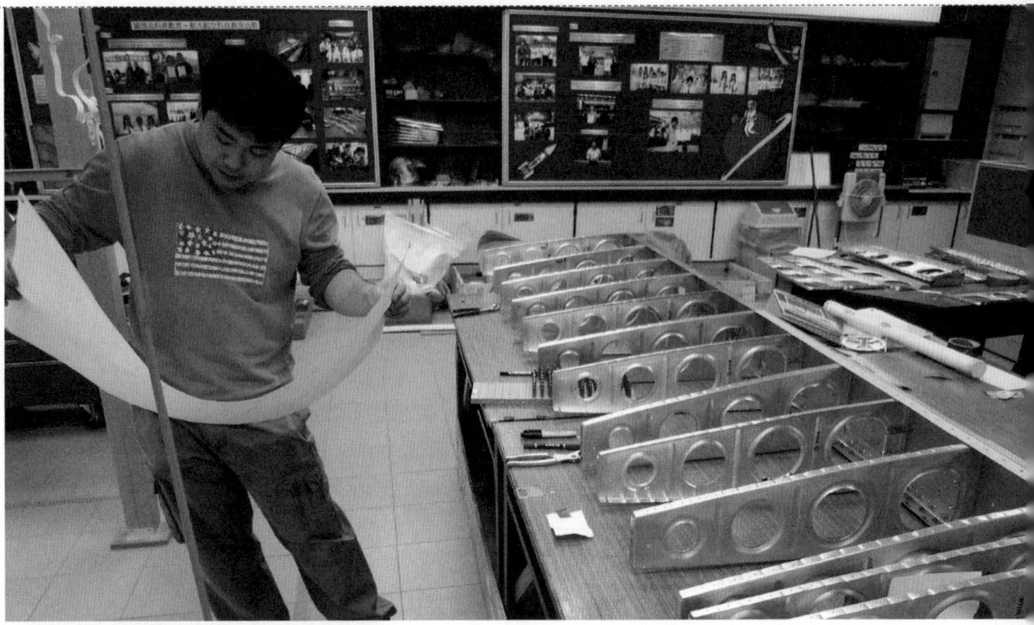

1 Gary 在研究機翼骨架的工程圖。

2 Gary 來到學校時，機尾差不多完成。

Gary 的到來，一方面將我們之前的工作變得有序、合理和規範，令工作效率得以提升，大家做起來也得心應手。另一方面，他主動承擔起處理文件的工作，尤其是跟民航處的交涉。

我知道 Gary 其實最想參與的是飛機組裝工作，然而現實的情況是：為了讓這架飛機將來成功在香港起飛，必須有人全副精神投放在文件工作之上。事實上，為了滿足向民航處作申請之要求，我每次進行工作之後，回家還得花許多時間寫下當天的**工作進度記錄**，而 Gary 的出現，就可以幫助我作出種種修改，以符合官方規範之標準。往後的日子，我們花了很多精神和時間

有了 Gary 的加入，我可更專注飛機的裝嵌工作。

來跟民航處交手，假如沒有 Gary，根本連談判桌也上不到。

簡言之，Gary 的出現，暫時令我可以專注在建造飛機的工作上。

慘痛的教訓

話說自新學年開始，上學年的中四學生都已經升上中五，因要準備會考，所以他們都退出了；與此同時，一批低年級的學生補上。然而，這一批新來的師妹，我實在難以抽身從頭教起，所以特別設立了一個新制度：由師姐去教師妹，讓學生自己傳承，待師妹的技術水平達標之後，便可以加入機翼的建造工作。

就在這班女學生參與工作的時間越久，手藝開始越來越純熟之際，她們的緊張感減少了，同時也變得不再那麼專注，一邊工作、一邊聊天的情況時有發生，終於，出現了那次嚴重的「無法修復」意外。

在建造飛機的過程中，偶爾都會出現部件在組裝上出錯的情況，我多數會先看看有否方法補救或重造，若真的無法修復，就只好再向美國訂購，然後等廠商寄來，這是我最不願見到的情況，金錢還是其次，主要是浪費許多時間。有些步驟，若缺乏了一件零件就沒法繼續下去，變得大家就只有白等了。

就在我們已踏進製作機翼工序的時候，其中一個環節是用錘子和工具把機翼加

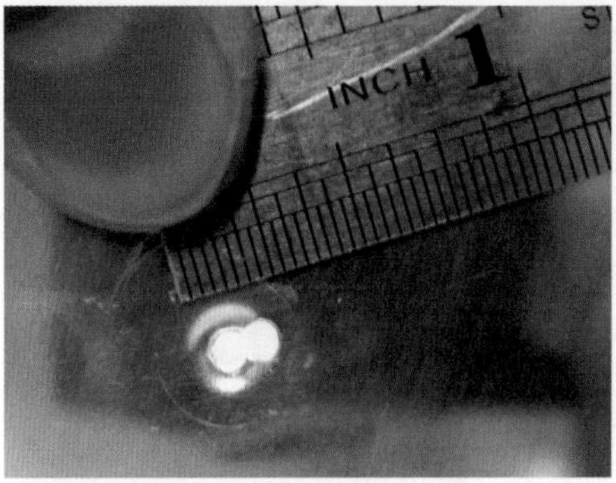

學生們錯手打多了一個洞口在機翼組件上，雖然洞口不大，卻無法修補，只好再訂購零件。

工，這項工作其實十分簡單，並沒有甚麼難度，主要就是不斷重複錘釘子的動作。然而，正因為大家工作時開始不專心，不斷閒話家常，結果一不小心，在機翼最大的組件上，竟然多打了一個不應該出現的洞口。

當下我見到這情況，已知大事不妙。我看着那洞口，反覆研究，終於確定這是沒有辦法修復的，只有再向美國訂購。其實那件組件價值只是七十元美金，但它長度接近兩米，體積龐大，所以運來香港的運費竟要二百多元美金，而且還得等上好幾星期才能寄抵香港。

經歷這次慘痛的教訓，我唯有再次要求全體同學專心工作，她們彷彿也知道自己做錯了，往後的工作態度都有所改善。

正巧，我發現自己的更表當中，有一趟香港飛往紐約的航班，而生產商 Van's Aircraft 公司在俄勒崗州，因此我便利用這次值勤機會，親手將那件組件帶回香港，節省了二百多元美金的運費，以及漫長的等待時間。

在這次的回程航班中，我在駕駛艙認識了共事的機師 Andrew。Andrew 居於華盛頓州，閒談間發現原來 Andrew 也有駕駛小型飛機的興趣，於是我便提及自己正在建造小型飛機，以及這一次「帶貨」的前因後果。

Andrew 聽到之後，即滿臉笑容地說：「那家 Van's Aircraft 公司離我家很近啊！我駕駛小型飛機過去才不過十分鐘，日後你有甚麼急需的小零件，我幫你帶過

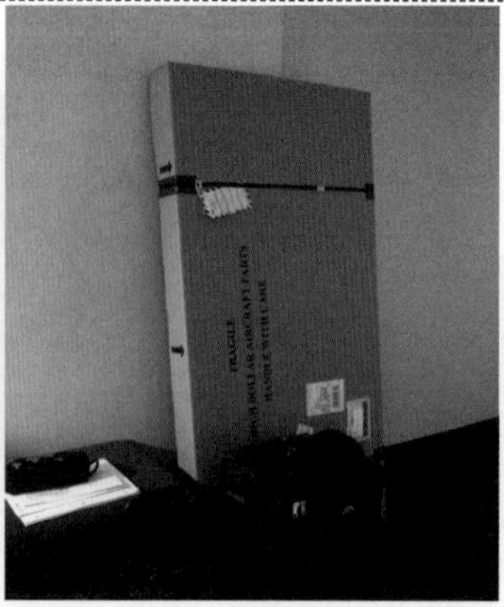

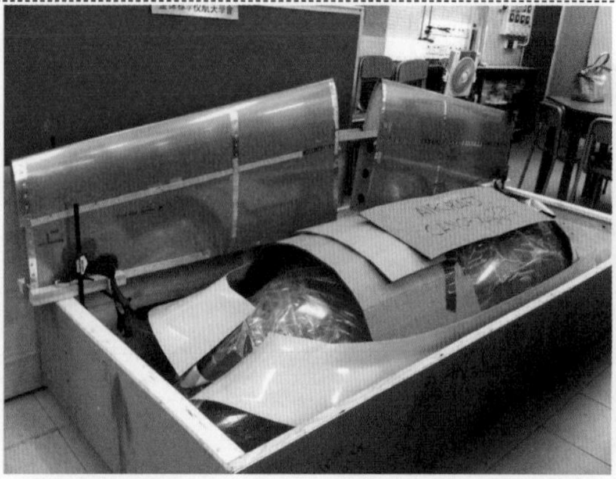

來香港就行了！」

我聽到後，覺得簡直有如天降救星，連忙向他預先道謝。之後，Andrew 亦真的替我解了好幾次燃眉之急，提供了許多方便。

* * *

組裝飛機的工作一直在進行中，儘管偶有起伏，但總算不斷有進展。而第三件組件，也是全架飛機最大的組件——機身，亦於二〇一一年三月送抵學校。

因為長途航班的工作時間長，機師之間往往都會聊天打發時間。我就跟不少同事分享過自己建造小型飛機的事情。當中很多都表示支持，好些更在後來不同階段伸出援手，甚至成為團隊中的要員。其中一位就是譚兆璋（Michael）——一個我永遠懷念的好拍檔、好朋友。

那時候，機身組件剛剛來到，我也正好希望找多些幫手。在我值勤期間認識了一位機師，正巧他有一位年青朋友剛加入公司成為二副機長，並且對建造飛機也很感興趣。經聯絡後我請他到學校來。

Michael 在同年三月第一次到達工作室，那是我們第一次見面，我發現他原來只是個二十出頭的小伙子。於是，我先主動教他那些工具該怎樣用，那些組件應該如何裝嵌，並一一作了示範，Michael 默默地在旁看着。我作了一遍之後，覺得該讓他

1 我在美國親自「帶貨」返香港，省卻運費。圖為組件放在我居於紐約的酒店房間中。

2 第三件組件：機身，於 2011 年 3 月送抵學校。

2 1

☆

RV-8 小型飛機解構圖③

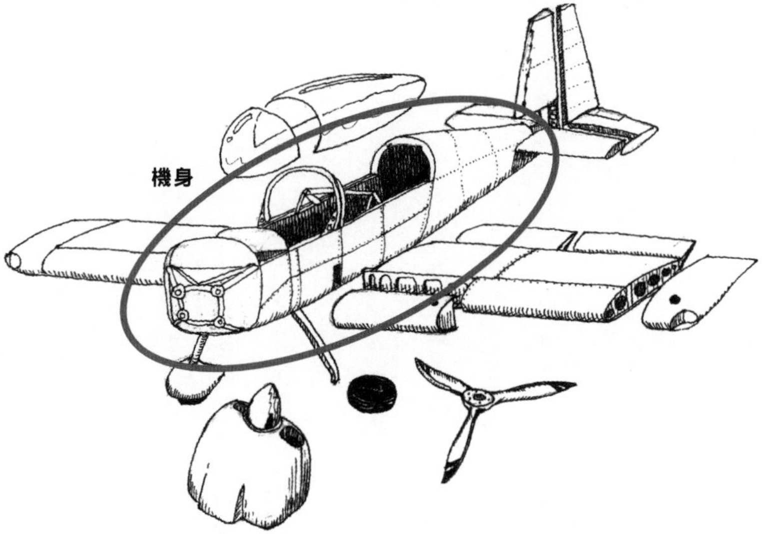

第三件建造飛機的組件：機身。

插圖：鄭楚衡

試試看，便換他來做。

沒想到Michael一動手，我立時目瞪口呆：剛才自己才示範了一次的操作過程，Michael竟然能夠純熟地完成，不但做得比我快，而且做得比我好。

原來，在加拿大長大的他，不但持有飛機駕駛執照，在當地更是飛行教練，對飛行有相當經驗；另一方面，他更曾經從事汽車維修工作，由於有這方面的工作經驗，所以他的組裝技術可說是得心應手。Michael的知識及技術都十分紮實，在以後的日子中他經常提出許多點子，其實好些我都不大明白，但亦一一放手讓他實行。因為我很清楚，他並非僅僅要完成任務，更是很誠心地希望建好這架飛機，是一個十分可靠的同伴。

後來，我更將飛機的電子系統交由他全權負責。Michael就是一個很有自信，且是做實事的人，而且越做越投入。有了他的加入，簡直是如虎添翼。

民航處的攻防戰

飛機建造這邊不斷有進展；另一邊廂，跟民航處的交涉卻陷入僵局。

自Gary加入後，文件方面已得到很好的整理，也按照民航處的標準在不斷調整和修改，一位熟悉香港民航法規的朋友——Stanley，在二〇一〇年時經常跟我和

Gary 聚頭，一起思考將會可能遇到甚麼困難，並一一預先作好拆解方案，讓之後的發展可以更順利。這可以說是跟民航處交涉前的準備階段。

機翼和尾翼如果沒有經過民航處的官員或者認可人士視察，便不可以封頂、封尾（即完成整個機翼的內部結構之後，最後把機翼上方的蓋板封上）。但當時民航處回覆我們，指出在香港並沒有可循的指引及法例去處理我們這項計劃，並透過正式答覆認為我們的計劃不會成功，所以不會派人來看，於是，事情就陷入了「死局」——假如民航處不派人視察，飛機就不能完成裝嵌；飛機不能完成裝嵌，這個計劃就不會成功。

據悉，民航處每年都收到十幾宗相似案例的申請，但所有申請在民航處提出不同問題後，都一一放棄了。當時，Gary 也着實無計可施，一度求教於香港工程師學會，後者很快就提議，若要令事情繼續行進，得先從人員及牌照等問題入手，於是，Gary 就從這兩個問題繼續跟民航處交涉。其間，雙方不斷電郵及電話來往，這樣對我們來說其實也是好事——因為之前我們根本無從入手；現在對方願意在不同層面提出問題，那麼我們就有解答問題的機會，事情或許能有所進展。

為此，Gary 廢寢忘餐地針對民航處的要求一一予以解決，向民航處作了詳盡的回信。就這樣，Gary 終於成功爭取到在二〇一一年三月，與民航處的官員進行一次「簡介會」——換言之就是從頭到尾再一次將我們的香港起飛計劃再介紹一次，然

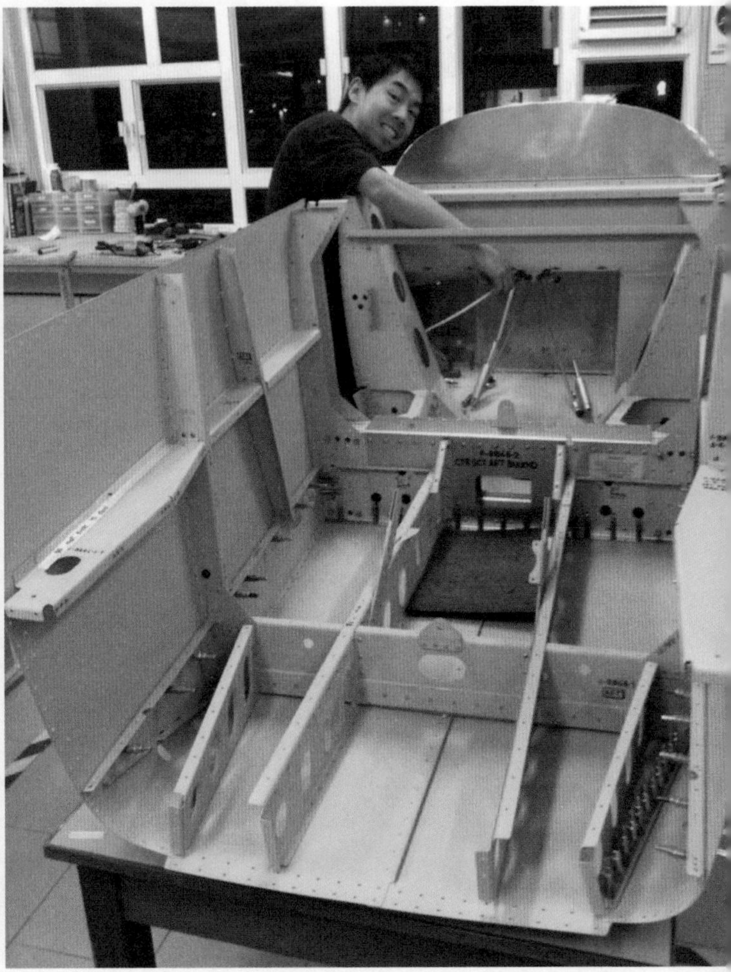

1-2 Michael 的到來，令組裝飛機的過程更順利。圖為他在組裝機身。

3 Michael 經常提出一些有趣的點子。

4 我和 Michael 的合照。

4	2 3	1

而，這簡介會屬於「非正式會議」，當時我相當納悶：「為甚麼是非正式會議？正式與非正式，到底有何分別？」

與民航處早有來往的 Gary 很明白當中的深意，他說：「這次會議不會作正式會議記錄，是因為民航處仍然不肯認定我們的這項計劃有落實的可能性，所以在這一次會議中，我們一定要向民航處證明，我們這個計劃是能夠落實的！」

這一刻，Gary 其實早已參照外國現行的案例及做法，並想好應該怎樣取得認證的框架。原來香港的航空法例，自殖民地時代以來一直都追隨英國的做法；然而英國對小型飛機規管之嚴格，堪稱世界上數一數二。所以當時 Gary 對英國的做法作出了解後，明白如果參照英國框架，便是參照最嚴格的，根本難以直接套用，換言之，香港民航處亦無例可依，只能夠自己來處理了。Gary 當時認為，只要能替香港民航處設定好一套能與世界銜接的認證框架，便有機會可以說服對方了。

終於到了「非正式的會議」，但現實卻與我們心目中的劇本相去甚遠。

民航處的負責官員向我們說：「你們提出的計劃，在香港的現行法例很難做到，而且沒有先例，所以我們沒有可能接受。」

聽到這番說話，我已有點沉不住氣，但 Gary 仍客氣地反問對方：「既然香港沒有先例，我們不是正好可以趁此機會，增設有關的條文嗎？我們是否仍有其他的可行方法？」

那位官員斬釘截鐵地說：「沒有。」

結果，這一次的「非正式會議」中，民航處所講的一切仍舊是照本宣科。然而香港的航空法例，主要是為大型的民航飛機而寫的，對自家製的小型飛機而言，根本無法配合。在會議上，Gary 多次希望引導那位官員作詳細討論時，卻每一次都立即被全盤否定。

離開會議室之後，我和 Gary 當然都是怒火中燒了。會議後的唯一收穫，就是對方願意保留一個相當於車牌的飛機註冊號予我們，那就是：B-KOO。

* * *

自從跟民航處正面交鋒之後，我和 Gary 都十分清楚，飛機不可能按照計劃在三年半內完成並起飛了。為了集中力量應付民航處的要求，Gary 開始物色合適的人選，拉攏他們加入這支團隊，參與跟民航處交涉的工作。

當時 Gary 正為公司指導了一群新入職的見習工程師，其中包括謝培鈴（Crystal）、鄭智禮（Ken）及張均榮（Wing Wing）等。在摸清大家的背景及能力後，Gary 藉一個機會與大家一起晚餐，並趁機將我介紹給大家認識，於是我向他們講述了這個親手裝嵌小型飛機的故事，以及當中遇到的難題。

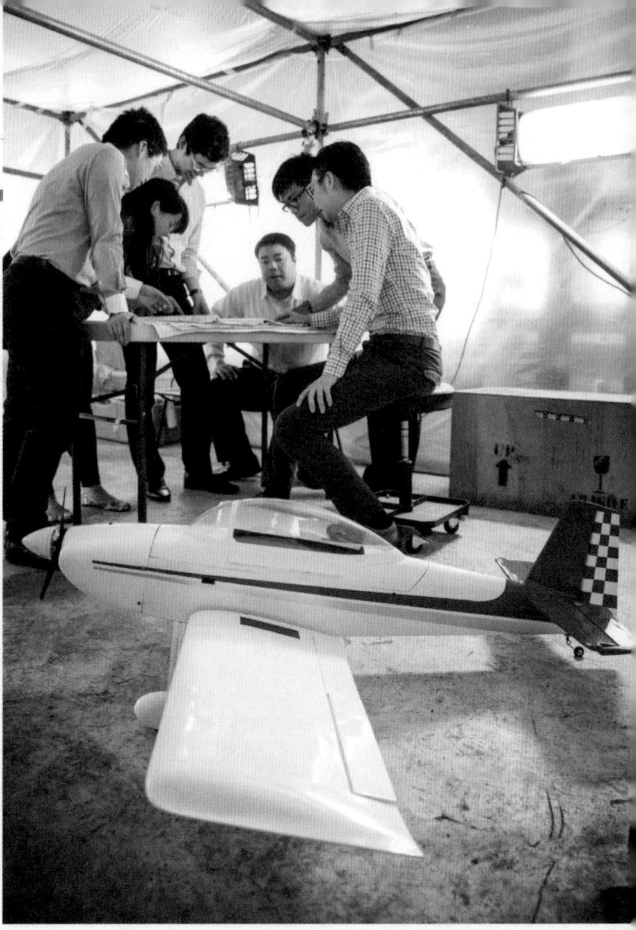

Gary 甚有先見之明，招納了一班工程師，應付日後跟民航處交涉的工作。圖左至右為 Crystal、Sally、Geoffrey、Gary、Ken 和 Wing Wing。他們日後都成了團隊中的骨幹。

當大家聽完之後，Gary 隨即問：「你們有沒有想過參與其中，分擔一些文件工作呢？」

或許是 Gary 的吸引力，又或許是被我的誠意打動吧，一聽到 Gary 招手，大家都欣然加入了。Gary 成功招募了這支工作團隊，在背後支援，他們日後都成為了團隊中的骨幹，奠定了往後對民航處關卡逐點攻破的基礎。

二〇一一年五月，民航處聯絡我們，來一次「正式會議」。

我和 Gary 當然不會天真地以為民航處會突然改變立場；相反，我們猜想正因民航處需要為否決團隊定出一個説法，所以必須安排一次正式會議，以便日後向公眾交代。

但對我們而言，也想趁此機會從會議中找到缺口——Gary 早已為此預備了一道「殺着」。所以，雖然這好像是一場「鴻門宴」，我們亦欣然赴約。

* * *

終於與民航處開第一次的正式會議了，然而雙方都很清楚對方的立場，彼此都為今天的交手作好了部署。

這一次會議中，談論的內容與上次會議大同小異，然而最大的不同之處，在於Gary每一次查探民航處為何不批准時，負責的官員都回應得很小心，一律說成：「因為你們不能滿足本處的有關要求。」

儘管如此，Gary鍥而不捨繼續追問，終於問到一個關節位上，Gary說：「如果機管局（全稱「機場管理局」）真的批准了，那民航處就會同意了嗎？」

民航處的官員直指：「這個方案機管局是很大機會不會批准的！」

「不對啊，機管局已經同意了！」

其實早在這個會議之前，Gary已去信機管局，對方的回覆也十分正面。當下，Gary立即出示那封獲得批准的信函。這次Gary一擊得手，結果，成功促使民航處與我們再約下次會議。

在離開會議室之後，Gary私下向負責官員旁敲側擊，漸漸明白整件事情的關鍵，其實在於當時民航處的高層並未表態。領導層尚未下決定，作為下屬，唯一可作的就只有一直拖下去。

事實上，一直以來都有很多人作出類似的申請，但他們被處方拒絕後，都沒有人會繼續去做。但唯獨我們一直堅持不懈，甚至開始在媒體曝光。

在之後的一次會議上，Gary大膽提出，邀請民航處派出人員到聖保祿學校作一次「非正式的探訪」，來了解我們的工作實況。這一次，民航處的官員終於同意了。

究竟 B-KOO 是甚麼意思？

B 是代表中國的飛機註冊、K 代表香港地區，而 OO 兩個英文字是自選的。為何選 OO 兩個英文字呢？因為這串字讀起來，就像： Be cool ！

10 5 0 5 10
GPS Version: 5.0
SW Version: 5.00
1407, Expired 24-JUL-14
Navigation
5.00
Basemap
1483, Expired 24-JUL-14
Obstacles
13T1
Terrain
14S3, Expired 24-JUL-14
SafeTaxi
Continue
All map and terrain data provided is only to be used as a general reference to your surroundings and as an aid to situational awareness.
DYNON AVIONICS
DYN
AP
FD

第三章：移師 HAECO 飛機庫

學校這邊，又是一個新學期的開展了。二〇一一年九月，在Michael和各位女生的同心協力下，機尾、機翼部分都已完成基本組裝了。之前提過「封頂」的工序，由於始終卡在民航處這一環上，遲遲未能取得進展，但自從上次會議民航處終於同意作一次「非正式的探訪」，事情有了轉機。同年十一月十八日，民航處人員第一次來到學校，那天我們也在現場跟他們盡量解說。十二月，我們決定為飛機尾翼封頂，對飛機裝嵌的工作而言，總算行前了一步。

關卡重重——

當時，教室之內放有三大件組件，分別是機尾、機翼及正在組裝中的機身，它們佔了相當多的空間，如此下去，地方實在會不夠用，我開始考慮移師其他地方繼續進行，但當時也不曉得可以搬去哪裏。

過了幾個月之後，我在其他同事的介紹下，於二〇一二年初有機會認識簡栢基先生（Christopher Gibbs）——另一位對我們有很大幫助的人物。

*
*
*

三大件組件：機尾、機翼及組裝中的機身，已經佔去教室相當多空間。

太古集團旗下的HAECO（香港飛機工程有限公司，Hong Kong Aircraft Engineering Company Limited），是香港第一間專門從事飛機維修的上市公司，除香港外，在海外也設有基地，員工達數千人。這間公司自啟德機場時代已經開業，業務不僅維修屬同一集團的國泰、港龍飛機，也會代理維修其他公司的飛機，在香港即有超過一百間航空公司是其客戶，每年維修的飛機逾十一萬架次。他們的飛機庫，就位於香港國際機場。

簡栢基先生是HAECO的非執行董事，同時也是國泰航空公司的工務董事。他在二〇一一年底從一位相熟的朋友口中，得悉了我在建造飛機的計劃，感到很有意思，因此便安排我跟他見面，看看有甚麼地方可以提供協助。

我得知獲簡栢基先生接見後，心情十分緊張，因為對我而言，不僅是拜會一位願意提供幫助的社會賢達，其實更是被自己公司的老闆召見。因此，在第一次拜會時，我穿上一身整齊西裝，戰戰兢兢地踏進他的辦公室。整個會面過程，他都十分友善，且一直耐着性子聆聽我的介紹，以至面對的難題。在得悉學校地方開始不夠用的處境後，他便穿針引線，替我安排新的裝嵌飛機的地方——HAECO的飛機庫。

有了他開綠燈，我隨即寫信給HAECO，正式向對方申請借用場地，對方也很快答允，未幾，HAECO更正式成為了我們的支持單位。雖然HAECO並不會提供金錢上的贊助，但卻願意無償地向我們借出地方，那就是HAECO飛機庫的閣樓——這

簡栢基先生（Christopher Gibbs）（圖中）

正正就是我們最需要的，可說是比金錢更重要。

對我而言，能夠移師 HAECO 繼續進行這項目，其實是十分理想的：它位於香港國際機場範圍內，地理上對日後起飛十分方便，是用錢也租不到的。所以，HAECO 給予我們不僅是飛機庫二樓的一個空間，更是給予了一個希望。

但在決定移師 HAECO 之前，我與一眾團隊的成員都感到掙扎：因為去了 HAECO，代表這架飛機完成組裝後必須要從香港國際機場起飛，而不可能再將飛機運往石崗機場起飛了。然而 Gary 領導的「攻關」團隊至今尚未成功突破民航處的重重關卡，這行動背後其實有很大風險。

二〇一二年四月，再一次跟民航處進行會議，這次除了民航處的官員，也正式邀請了機管局派員與會。我和 Gary 心中有數，民航處的立場始終沒有很大轉變，他們要求機管局派人在場，主要是方便立即提出回應。

會議開始沒多久，民航處的負責官員舊事重提，向機管局的代表提問：「這樣子的一架『小型飛機』，貴局有可能同意它在『香港國際機場』起飛嗎？」

然而機管局的代表很爽快地回答：「只要民航處同意，機管局方面並無問題，我們絕對可以配合。」

聽到這回應，那位官員連忙重申：「貴局真的批准？那只是一架『小型飛機』！要在『香港國際機場』起飛！」

機管局的代表面帶微笑地說：「當然沒有問題！是飛機就可以在機場上起飛，只要作好安排，就不會有問題。如果民航處認可，也不應有安全問題。」

雖然機管局的回覆很正面，但這一次會議，依然沒有達成任何結論。

* * *

儘管會議不斷，但實際進展其實不多。那一次民航處派員來學校「探訪」後，大家討論的焦點開始放在驗機問題上：

「該如何驗機？」

「誰人合資格去驗機？」

兜兜轉轉，但民航處就是不派人驗機。

一次，Gary 就在會議上提出：「民航處不必派人來處理，只要委任一位合資格的飛機工程師，即亦我本人去驗機即可，萬一日後飛機出了任何事故，便由驗機的工程師負上全責！」不過，這提議也未有獲得即時接納。

二〇一二年五月，我們收到一個壞消息：民航處書面回覆，正式否決了我們在香港國際機場試飛的申請。原因是試飛會有機會損害公眾利益。

* * *

民航處正式表態否決，一時間，整個計劃陷入了死胡同。事實上，在未經民航處同意我們在香港試飛的情況下，若我們真的將飛機搬到 HAECO，就會是一件十分冒險的事。須知即使只是小型飛機，但那體積是不可能在馬路上走的，所以飛機若進駐 HAECO，亦代表之後只能從香港國際機場起飛，已經沒有改往從石崗機場起飛的可能。換言之，搬到 HAECO 的話，就沒有退路了。

更不幸的是，同年十月一日，香港發生「南丫四號」海難事件，這令得民航處更加行事小心，擔心我們這架小型飛機日後萬一發生意外，便要負上責任。

來到這個地步，我們着實無計可施，既然不能直接攻關，就只能耍一些手段了。

譚文豪（Jeremy）（圖左）

我們決定找一位同事幫忙，他也是任職民航機師，名字就叫譚文豪（Jeremy）。

Jeremy 一直熱心社會事務，曾經參選區議員，後來更加入了公民黨，在社會上有相當人脈。（後來 Jeremy 於二〇一六年選上立法會議員。）

就在 Jeremy 了解事件的來龍去脈後，隨即將這個消息轉告他的傳媒界朋友。才過了幾天，《AM730》記者就主動聯絡我，並安排訪問。該篇報道於二〇一二年十月十五日見報，不但用了整個頭版，以「港嵌飛機　鬧市蓄勢待發」為標題，報道我們建造飛機的工作進展；更重要的，是在第二版用上「試飛受阻　二十工程師隨時候命　民航處頭痕」的標題，指出民航處以不積極的態度面對此事，遲遲不肯為這架「香港製造」的飛機開綠燈。

* * *

我們必須極力爭取在香港國際機場進行試飛，想不到，衝破僵局的突破點，還是繫於聖保祿學校的黃校長身上。

黃校長一直十分支持我們這個項目，當中的來龍去脈，她也一直在關注，在知道我們陷入如斯困境後，決定親自出馬。二〇一三年三月，黃校長以學校的名義，約見民航處處長。

這次見面中，由黃校長帶着我直接面見處長。處長一上來，就表示對我們的計劃一直知情，但由於香港對此並沒有先例，所以始終無法處理；然而，話鋒一轉，竟然有了意想不到的變化，他說：「民航處一向很重視本港的航空教育工作，為了不想讓學生們失望，我將會運用處長的酌情權，讓這架飛機有一次起飛降落的機會，讓學生看到飛機有機會成功飛上天。」

在我聽來，這個讓步其實是不能接受的，因為我們的原意是讓這架小型飛機在香港完成試飛，並以香港國際機場為起點，環遊世界。這麼的一次起飛降落算甚麼？當下我立即向處長爭取。但當時處長覺得若如此堅持，便沒有辦法談下去；黃校長亦勸我先接受，認為民航處已經讓步，不宜強人所難。去到那刻，我知道沒有選擇的餘地，只好妥協，接受這唯一一次的機會。

* * *

回說學校的飛機裝嵌情況。機身外殼的建造工序一直在行進，待外殼差不多完成之後，就要為飛機加入「內臟」了。

建造機身的過程是我最喜歡的一環，因為看到飛機逐漸成型了，而且終於可以坐進駕駛艙，真的有「駕駛飛機」的感覺了。

1 圖中的我是首次坐進這架飛機的「駕駛艙」。

2-3 我的太太偶爾也會帶兒女過來探班，兩個小孩子都顯得很好奇和雀躍。

1

2

3

2 | 1
3

1　拆箱後，第一步當然是點貨。

2　學生們在清潔組件。

3　我在教大家塗抹「油箱封膠」（Sealant）。

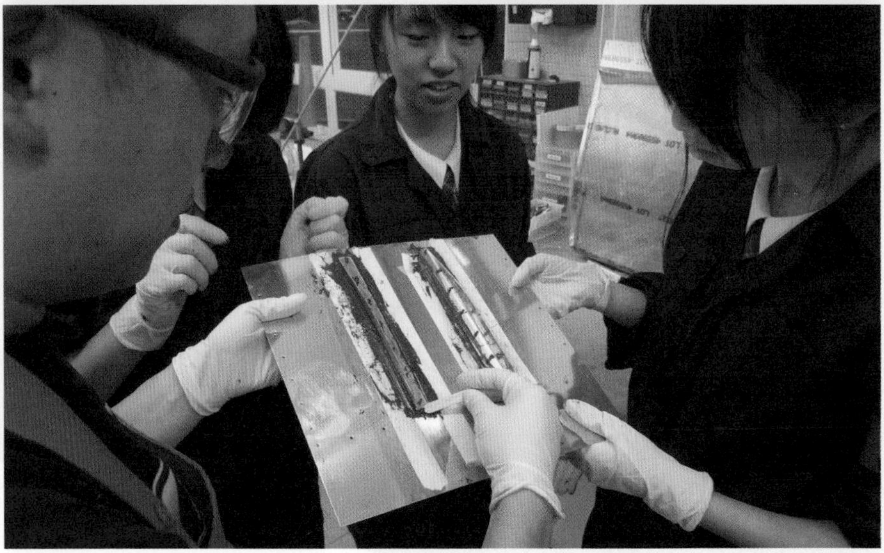

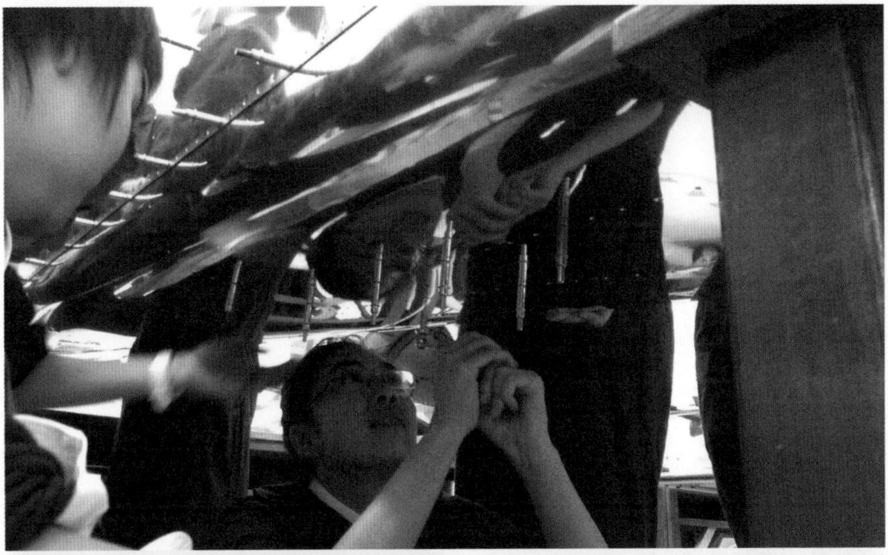

4-5 女學生們靠在一起，研究如何組裝機身。

6 學生們在專注地塗抹「油箱封膠」。

4

6 5

然而，飛機的「內臟」（亦即機身內部的許多部件）從外面是看不到的，而且構造不像機尾、機翼般清晰和具體。此外，諸如飛機的玻璃罩、儀錶板及引擎等等，都需要另外購買，並不包括在機身部件之內。以駕駛艙的儀錶板為例，便需要自行設計了。更讓我頭疼的是，這些全是相當昂貴的部件。

當開始選購飛機的「內臟」時，我發現引擎是整架飛機中最貴的部分，而且付款後要六個月才能運到。一開始，我預算整個組裝費用約七十萬港幣，但發展至此發現真的不夠錢，讓我不禁擔心起來，甚至一度需要賣樓套現。

幸好Gary、Michael等人在內的一支團隊，得知這困境時，立即另外組織一支「尋找贊助商」的分隊，開始向社會各界尋求贊助。而我也暫時放開其他想法，繼續帶領着一班女學生，專注飛機的裝嵌工作。

* * *

為了設計儀錶板，我早在二〇一二年十月已開始在飛機製造商Van's Aircraft的論壇上向網友發問，不久之後有人回覆，他態度很積極，回答也很詳細，交談了數次後，我知道他原來是一位美國的工程師，未幾他更表示想從美國過來香港作參觀。有一位專業人士專程而來，我當然無任歡迎，他來到之後，我更加詫異，因為他竟然是一間飛機儀器公司的工程師，並提議我向其公司申請贊助。

我隨後讓學生寫信去該公司查詢。二〇一三年三月，我正式獲該公司的老闆接見，見面過程相當順利，而且對方允諾向我們提供優厚的器材優惠。這是我們團隊得到的第一個贊助，而且是外國公司的贊助，讓大家都相當鼓舞。事實上，這一款飛機在外國有超過一萬架，而香港只有這區區一架，該公司卻也願意支持我們，實在讓我衷心感激。事後，我得悉之前來港訪問，並鼓勵我們向那飛機儀器公司申請贊助的那位工程師 Edward Lansinger，竟然是該公司的總設計師，目前更是負責製造載人火箭的導航儀器，怪不得他一句話如此有份量。

老師傅的油缸工藝

重要人物，一個接一個的登場。

當時，在裝嵌飛機的工序中，我終於要面對最大的技術性難題——組裝油缸。

油缸是儲存整架飛機燃料的地方，極為關鍵，如果做不好，導致漏油，飛行時就會十分危險。油缸是位於機翼內的，整個建造工序難度很高：首要先將作為油缸外殼的那塊金屬片屈曲起來，然後在內側再插入五片間隔板，而這五片間隔板上都要鑽孔，使中間可以讓燃油通過。在內側的工序完成之後，最後需要再用一塊金屬

☆ 小型飛機油缸解構圖

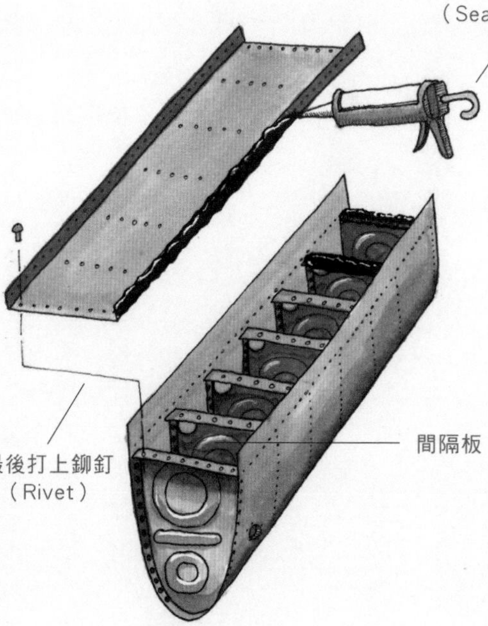

油缸是位於機翼內的，首先將作為油缸外殼的那塊金屬片屈曲起來，然後在內側插入五片間隔板，而這五片間隔板上都要鑽孔，使中間可以讓燃油通過。在內側的工序完成後，最後需要再用一塊金屬片封頂。

插圖：鄭楚衡

片封頂。在組裝油缸的過程中，每一口釘子在鑲嵌前都必須清洗乾淨，絕不能沾有其他物料；而且在整個油箱的所有銜接位，都必須封上「油箱封膠」（Sealant）以求「滴油不漏」。

值得一提是，這種「油箱封膠」並非現成可買的，只能購買原料，再自行按比例調配。在香港，根本沒有地方販賣這些飛機專用的材料。

我在執勤的時候，偶爾會向其他機長提及當時的困境，正巧有一位機長與HAECO的高級經理相熟，相信對方可以幫忙，於是便介紹了我給那位經理認識。對方聽了我的經歷後，覺得這件事很值得支持，便贈送了第一包「油箱封膠」的原料給我。

原料有了，但執行上該如何入手？網上許多人都説，十個自行製作的油缸當中，至少有三、四個的油缸都會出現漏油。由於「油箱封膠」需要自行調配，所以要用電子磅來秤重量，調校比例，而且調配好後的「油箱封膠」要立時用，否則兩、三小時後就會硬化，時間十分緊逼。

除了油缸上每個銜接位，在油缸上打的每口釘也必須用「油箱封膠」封妥，假如沒做好，也不會立即知道；只有在整個油缸造好之後，作壓力測試時才會發現。若真的到壓力測試時發現漏洞，除了破開油缸，去檢查每一口鉚釘，就別無他法，可謂一樁人人不願見到的「大悲劇」。

「油箱封膠」必須自行按比例調配。

面對上述情況，我自己着實沒信心做得好，即使有 Michael 在，但他的強項不在此處，更何況我要帶着一班女學生？

當我跟 Gary 提到這製作油缸的難題時，他已心中有數——他知道這次非要邀請前輩高手出場不可。

* * *

人稱「Bill 叔叔」的朱觀偉先生，是 HAECO 的資深工程師，任職維修檢查監督，在飛機工程界可謂無人不識。

在「飛機工程師」行業中，可以細分為機身、航電、結構等三大領域。一般的工程師，只會專精其中一項領域，Bill 叔叔本身雖是「結構—白鐵」出身的工程師，但後來更涉足「機身」領域，一個人同時專精兩個領域，所以在業界內早已被視為「高人」。

Bill 叔叔到達學校之前，我已從 Gary 處得知他是非一般的高手，因此提早到了工作室做好準備，以迎接這一位大人物。

終於，二〇一三年三月，一位大叔領着另外五位師傅，一同來到這間工作室。一身平常打扮的 Bill 叔叔先作自我介紹，言談間毫無架子，就像平常跟街坊打招呼一

調配好的「油箱封膠」呈黑色，要即時用，因為它兩、三小時就會硬化，時間相當緊逼。

樣；與他一起到來的五位師傅，原來都是他在HAECO中的同事，分別是油缸及電工等不同專業的工程專家，一起到來幫忙。

寒暄過後，我立即進入正題，請教Bill叔叔說：「油缸的製作材料都是一些白鐵片，我應該如何在這些白鐵片上打釘呢？」

Bill叔叔淡然地說：「哦，沒問題的。沒甚麼是處理不到的。」

於是就在Bill叔叔指揮下，一眾師傅開始着手製作這個油缸，我幾乎變成了旁觀者。我看着眾師傅在油缸上打釘的過程，每粒鉚釘都能讓「油箱封膠」充分地擠出去，手藝十分純熟。本來我預算用兩、三天來完成油缸的製作，結果他們僅僅用了三小時便完成，而且一併進行了壓力測試。

完成整個油缸製作後，師傅們在油缸外面塗上肥皂水，然後又在不同的管口上套上白色醫生手套，並將之充氣至完全脹起。我着實不明所以，Bill叔叔隨即解釋：「塗上肥皂水，萬一出現漏氣的話，那個漏口位便會起泡，我們立即可以知道是哪位置出了問題。套上這隻充氣的白手套，假如第二天手套沒泄氣萎縮，即代表油缸沒有漏氣。」他就像教導學生般向我解說。

在此之前，我根本不清楚油缸有甚麼標準，如果按廠方的手冊要求，那是十分難做到的；若看網上討論則眾說紛紜，意見參差。然而Bill叔叔帶來的這群師傅，全部經驗十足，而且手藝堪稱完美，是平常人無法達到的。Gary說：「他們每天都在處理油缸的問題，工藝水準之高，一般人是難以做到的。」

這次油缸組裝非常順利，而且壓力測試結果完全沒問題，Bill叔叔的出現，可謂拯救了這架飛機。完成油缸的製作，意味機翼部分大致完成，我請了所有曾參與這項目的學生，分別在機翼內部簽上名字，以作紀念。

二〇一三年三月份，我們真的是馬不停蹄，不斷取得突破性的進展，當中包括跟黃校長會見處長、飛機儀器公司老闆提供贊助、Bill叔叔與師傅們協助我們完成油缸組裝工作等。同月廿一日，我們首次與民航處為一次性試飛一事舉行正式會議。

該會議由民航處官員主持，而且處方的各個範疇均有代表出席。處長本人已經開了綠燈，我和Gary遂以為會議將會十分順利。

處長雖然同意我們的飛機可以在香港國際機場起飛，但卻從來沒有說過要怎樣去飛，所以當其中一位官員問我打算如何飛時，我即提出：「我們計劃的飛行路線是繞大嶼山一圈。」

沒料到這位官員一聽到我的構想後，就說：「若你們想要飛離機場，那我們便沒有甚麼好談了。」

我和Gary見狀立即請他提出飛行的方案。結果，該位官員說：「你們可以考慮申請這架飛機在跑道上起飛至離地五十呎，然後便要立即着陸。」

聽了這番話，我和Gary都按捺不住了，覺得這個飛行方案根本是國際笑話：「這

1

3 | 2

1 師傅們花了很短時間就完成油缸的製作，之後就塗上肥皂水作測試，萬一漏氣，那位置就會起泡。

2 在油缸外套上白手套，若沒有泄氣萎縮，即代表油缸沒漏氣。

3 師傅們為油缸封頂。

人稱「Bill 叔叔」的朱觀偉先生。有這位前輩高手坐鎮，很多組裝上的難題都迎刃而解。

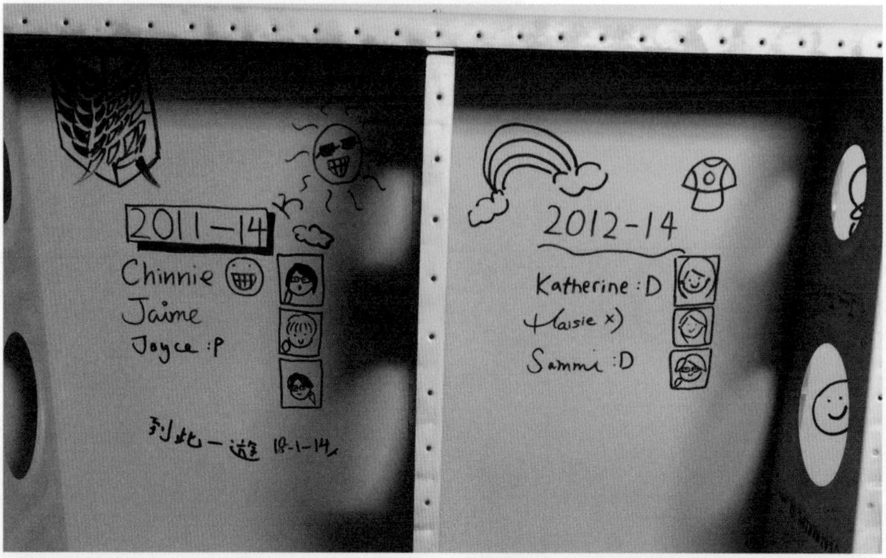

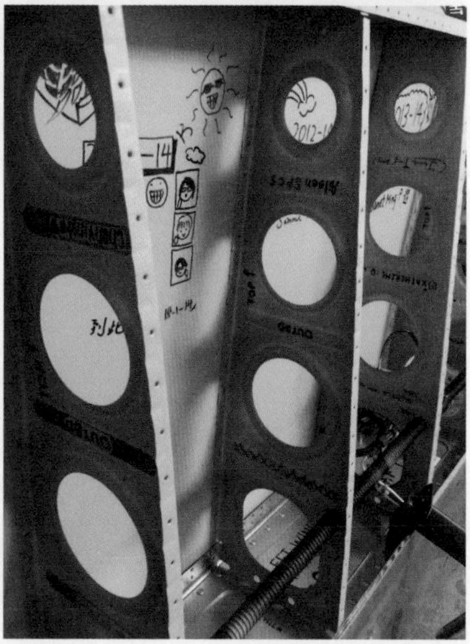

完成油缸的製作，意味機翼部分大致完成，學生們於是在機翼內部簽上名字，或者寫下不同字句，以作紀念。

不是起飛、降落，而是起飛失敗的緊急降落！」

此刻，我只覺心情低落，之前我們已做了很多東西，但往往就是達不到對方的要求。而 Gary 也感到無奈：「當外國人願意不斷給予我們幫助時，我們在本地卻經常碰壁。」他也明白，由於我們是香港第一架自行建造的小型飛機，之前沒有先例，所以是特別困難的。

最後，我們決定孤注一擲，先移師到 HAECO 繼續工作，其餘再說。

* * *

我向聖保祿學校的黃校長報告即將撤走這件事後，黃校長亦樂見其成，並隨我與 HAECO 的負責人見面，彼此互相認識。

曾參與建造飛機的一眾學生得悉這個消息後，都顯得十分傷感；而我與這一群學生亦早已建立起深厚感情，此刻要離開這熟悉的環境，心裏也十分不捨。然而這次的離別，象徵這架飛機距離飛上天空又邁前一步，儘管不捨，但背後其實也滿載了大家的盼望。

二〇一三年六月，飛機終於正式將從聖保祿學校移至 HAECO 的飛機庫。搬運工作上，透過 HAECO 找來了一家對飛機搬運具有豐富經驗的運輸公司來負責。在

正式搬運之前，大家花了幾天時間進行包裝。同時，學校聘請師傅替那間教室拆掉窗戶，並搭建了木橋從教室直出學校圍牆之外。

搬運的工作在凌晨進行，現場有封路，而 Gary 也找來航空青年團的朋友到場支援。搬運工人把飛機組件直接從教室的窗戶中推出，經木橋直接送上運輸車，確認綑綁結實之後，飛機組件便由運輸車送往赤鱲角了。

那一夜，聖保祿學校的一眾學生都坐在學校對面那間廿四小時營業的連鎖快餐店，親眼看着整個搬運過程。在開車那一刻，她們眼泛淚光，一起向飛機揮手告別。

當晚的過程十分順利。到了 HAECO 的飛機庫之後，機身及兩隻機翼逐一被重型吊臂送上去二樓。當搬運完成時，已經是日出時份了。

1-3 我們找了一家對飛機搬運具經驗的運輸公司，只見各位師傅都沒有帶備甚麼特別工具，卻是動作俐落，很快已將組件包裹好，並運送出街外的貨車上。

3 | 2 | 1

2013 年 6 月，飛機在聖保祿學校裝嵌了接近六年時間，現在終於遷走。當晚很多學生都到現場觀看，大家都十分不捨。值得一提是，飛機離開學校後，學校隨即把窗戶裝回，第二天朝早已不着痕跡，效率極其迅速。

高手雲集的黃金組合——★

來到HAECO的飛機庫，標誌着這計劃踏進另一個新階段。其實來到這飛機庫進行維修的，都是有需要進行「大修」的民航機，一般簡單維修在停機坪上已可解決，如今我們這架小型飛機卻堂而皇之來到敞大的飛機庫，感覺就像來到一家醫院，然後只是佔用一個個小角落來看病。

這個約有三千呎空間的新工作環境，比起學校那間教室確實大得多；然而，這個空間除了有一張桌子之外，便甚麼都沒有了。連Bill叔叔都覺得這環境實在難以工作，立即為我四出張羅設備，總算解決電源及器材等問題，讓飛機的建造工作繼續進行。

初期搬到HAECO時，我着實有很多地方需要重新適應。首先是交通方面，之前由住所前往聖保祿學校，步行只需十分鐘；現在去HAECO一趟，車程要一小時以上，即使自己驅車也要四十五分鐘。而且HAECO的飛機庫位於機場維修區，屬於禁區之內，進出都要通過檢查關卡，手續比較繁複。

另一方面，在聖保祿學校時，組裝的主要是飛機軀殼；來到HAECO之後，則是開始處理飛機的內臟，以我的技術水平來說，其實是沒有能力應付的，尤其是處理飛機的電工。在計劃初期，那些鑽孔、打釘的工序都是學生仍能應付的；然而到

剛來到HAECO的飛機庫，其實甚麼設備也沒有，後來經Bill叔叔張羅，新的工作空間才開始成形。

了最後階段，電工必須具有相關專業知識的人士才有能力處理，尤其電工是需要待整個系統都完成後，打開開關那一刻才能知道到底是否完成，這對沒相關知識的人而言是很難處理的。

可能搬到HAECO後，我經常愁眉苦臉，Bill叔叔時不時就會贈我一句：「有Friend，唔駛驚！」

沒多久，Bill叔叔真的帶來很多Friends——好些具備專業能力的師傅，陸續來支援，而且在人帶人之下，開始越來越多HAECO的師傅參與這個項目。當中不得不提的是三位資深師傅：謝SIR（暱稱「大謝」）、康SIR和基SIR。

* * *

進入HAECO之後，我認識了許多飛機工程界中的專業人士，他們不但經驗老到，而且工具齊全。這群師傅幾乎都是飛機工程界的老師傅，甚至是已經退休的資深技師。他們不計回報，投入參與，可見都是很熱愛飛機的有心人。然而我不禁疑惑，為何大多數都是老師傅，反而沒有年輕一輩的？

我私底下問Gary，他聽到後笑說：「這是很合理的現象啊！因為新一代的技師都已經用電腦來進行工作，許多工序都由機器代勞，要親自動手反而不知如何下手。

相反，成長於上世紀六、七十年代的技師，那年代學到的技術都是純手工的。因此，即使現在有年輕技師來參與，可能也幫不上甚麼忙，因為他們維修飛機都靠電腦主導。這群老師傅依靠豐富的經驗作判斷，手藝又純熟，由他們來幫忙建造小型飛機是最適合不過！」

大謝是Bill叔叔帶來的，他是電子方面的工程師；而康SIR及基SIR則是大謝再帶來幫忙的。我本來對電子方面一竅不通，有關電子方面的學問，都是這時候從他們三位身上學得的。起初，這架飛機的電子系統幾乎都是由他們指導我去做的——他們不會自己動手去做，而是像老師教學生般，很有耐性地指引我去做。實際上，如果他們幾位親自動手，大概幾下工夫便能夠完成，相反他們寧願花更多時間在我身上，可見他們的目的是想教會我掌握這方面的能力，另一方面，可能他們也想這些技藝能有所傳承吧！

可是，由於我真的完全不懂電子領域，相反，Michael則對這方面很有研究，慢慢我就將這方面全權交給Michael處理。此後，Michael與康SIR、基SIR等緊密合作，很快就成了忘年之交。飛機的電子系統，幾乎都是有賴這班HAECO技師的技術支援，最後才能夠完成的。

至於我，還是專心繼續處理機身部分的裝嵌工作吧。

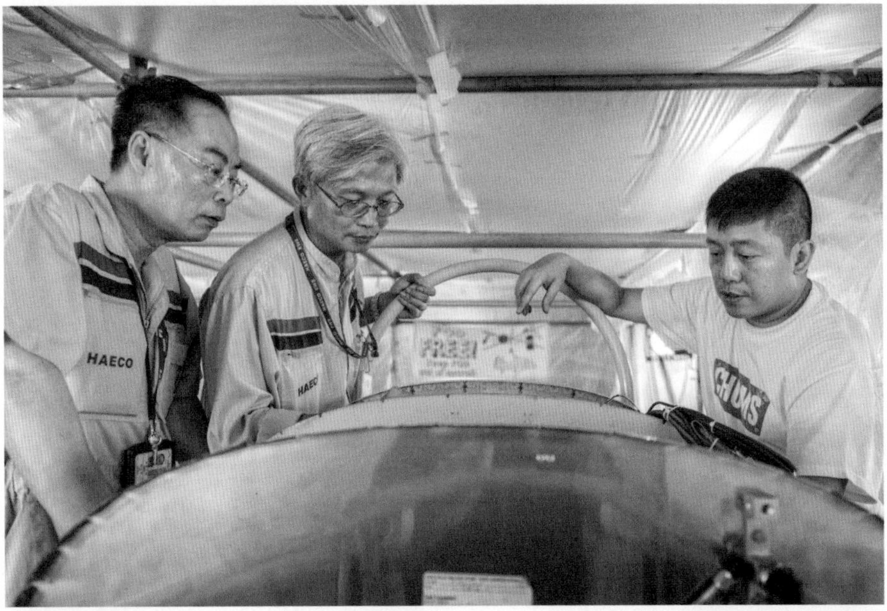

1
2

1-2 基 Sir（上圖左）和康 Sir 是經驗十分豐富的師傅，他們在指導我處理電子系統。

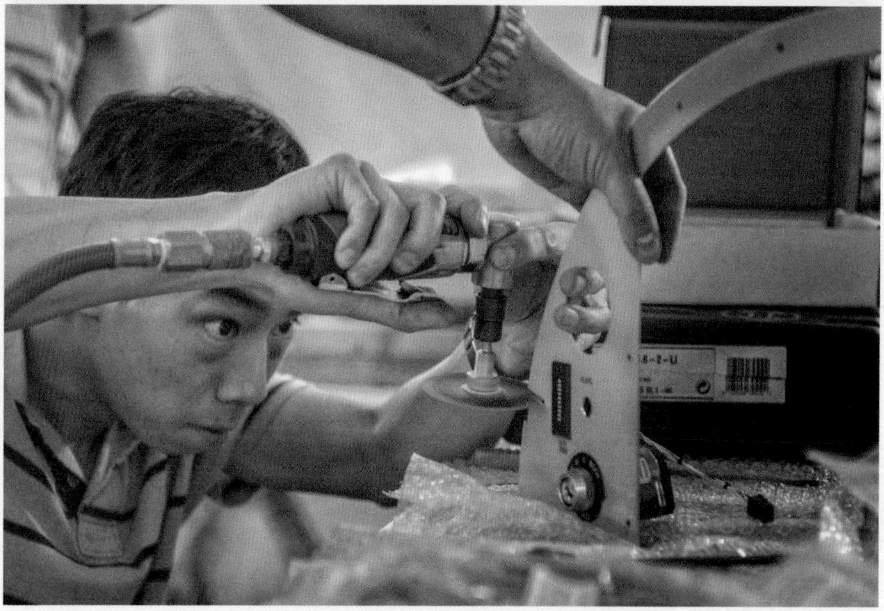

1-2 對於電子系統，Michael 較我更有興趣得多，很快他跟基 Sir 和康 Sir 都成了莫逆之交。

1
2

* * *

來到HAECO已經六、七個月了，二〇一四年年初，我在公司一個內部講座中，向同事分享這個建造小型飛機計劃的經歷。講座後，一位年長的同事主動找我。這位同事是一位澳洲籍機師，主要駕駛貨機，當時與太太住在香港，不過正準備退休，他的名字叫Geoff Carr。

Geoff年輕時已開始自己建造小型飛機，由於是獨自工作，加上當年並沒有電腦網絡，遇到問題時也不曉得可以向誰發問。雖然Geoff曾經在軍隊服務，能夠找到軍中的朋友幫忙，但始終遠水難救近火，遇到技術問題往往亦只能找鄰居幫忙，工作的處境十分困難。

就在第一架飛機完成之後，因為中間的問題已經一一打通了，很希望可以再建一架更完美的，所以之後再繼續建造。多年來，Geoff就自行建造過四架小型飛機！

Geoff本想打算退休之後回到澳洲，到時將會建造一台與我目前建造之同款飛機，所以他也希望參與這個項目，從中汲取一些經驗。於是，在我跟他比對了彼此的值勤更表後，他一有時間便會過來HAECO幫忙。

在我眼中，Geoff 是一個鐵人；不對，他根本是一個機械人——他一天只吃一頓早餐，中午不必吃飯，間中吃些乾糧，就可以整天埋頭苦幹地不斷做。在此之前，我或多或少抱着悠閒的心態去做這件事，但 Geoff 帶我進入一個全新的工作領域：之前是求開心，但進度很慢；現在則要很專注，決不浪費時間。

Geoff 的生命像是高度濃縮，我常常想：他活一次，已經好比別人活了五次。他是聽到雞鳴便要開始工作的人，所以當我約他上午八時開工，Geoff 已經嫌我太晚開始；工作中我偶爾坐在一旁休息滑手機，Geoff 也會嘮叨我在浪費時間。

他常常覺得我在浪費時間，他的理念是：飛機是用來飛的，在一些非關鍵的部件上，是可以接受有點瑕玼的，這樣進度可以快很多。我在之前的建造過程中，有一個部件前後共買了三次，事實上是非必要的。Geoff 認為不必事事追求完美，只要不影響飛行安全就可以了。

的確，我之前是想做一架完美的飛機，或許我太想證明這件事是可行的，於是不自覺地想每個細節都要做到最好。Geoff 當頭棒喝，令我清醒了不少。

在 Geoff 的影響下，我與他一起吃過早餐後，便會全天一直工作，中間 Geoff 只會吃兩隻熟雞蛋，並沒有吃午餐及晚餐。而且，Geoff 從來不會提出收工，只有我提出要走時，Geoff 才勉強放下工具，依依不捨地離去。

昔日我也會為每天定下目標，那一天完成目標之後，就會心滿意足地收工了；

1 Geoff 在專心工作，而我就……。

2 Geoff 絕對是一位鐵人，而且絕不浪費時間。他的加入，令建造飛機的工作提升到另一個層次。

1

2

現在當達成預定目標後，Geoff就會說：「那麼還不趕快進行下一個項目？」儘管工作模式比以前辛苦得多，但我感到這過程是開心的，因為自覺能力真的提升了，而且工作的進展也很好。

進入HAECO之後，是為飛機注入靈魂的階段。這個階段中，Geoff與我專注於處理機身及引擎，飛機的電工由Michael與康SIR、基SIR等一起處理；至於Gary，則忙於跟他的團隊處理大量文書工作，與民航處繼續角力。這段時間，高手雲集，所有人都士氣十足。儘管民航處那邊仍是沒有甚麼好消息，但我感到距離成功，越來越近。

痛失團隊中的重要支柱

Michael與我一起工作多時，早已建立良好的默契。例如在打釘時，我在機身之內，Michael則在機身之外，彼此是見不到對方的；Michael一面打釘，我則在裏面把釘定住，若那口釘打好了，我就會敲機身兩下，若打不好，就敲一下，讓Michael再打。這其實是大型飛機的做法，我們用在小型飛機上，操作時合作無間。

在這段共事期間，我曾與Michael一起飛往西雅圖，拜會那間提供贊助的飛行儀器公司，並了解一下飛行儀器的製作進度。

Michael曾跟我到西雅圖，一起到飛行儀器公司了解飛行儀器的進度。圖為他在西雅圖留影。

之後，Michael再獨自飛往德州，跟進飛機引擎的工作進度。雖然廠商最後會提供製成品，所以是否去視察進度其實沒有分別，但Michael就是很喜歡這些東西的人，一有機會去見識、學習，他都不會放過。

* * *

Geoff參與這個項目沒多久，便退休回到澳洲了。此後，就只能在一些十分關鍵的工作環節，例如為飛機安裝引擎、安裝機翼及引擎測試等，才會特地來港支援，每次為期大概七至十天左右。

就在Geoff第一次回港時，我與Michael為了與他配合，一起請了十天假，三個人一起工作。然而這次合作為了「用盡」Geoff的時間，我都跟着Geoff的生活習慣去工作，不斷勞動之餘又沒怎麼吃飯，整個人變得十分疲倦，精神狀態乃至情緒都很差，完了這十天後，我竟然足足瘦了五六磅。

至於Michael，他名副其實是個「夜貓子」，習慣每天下午兩時才開始工作，一直做到午夜才會收工，而且精力依然。

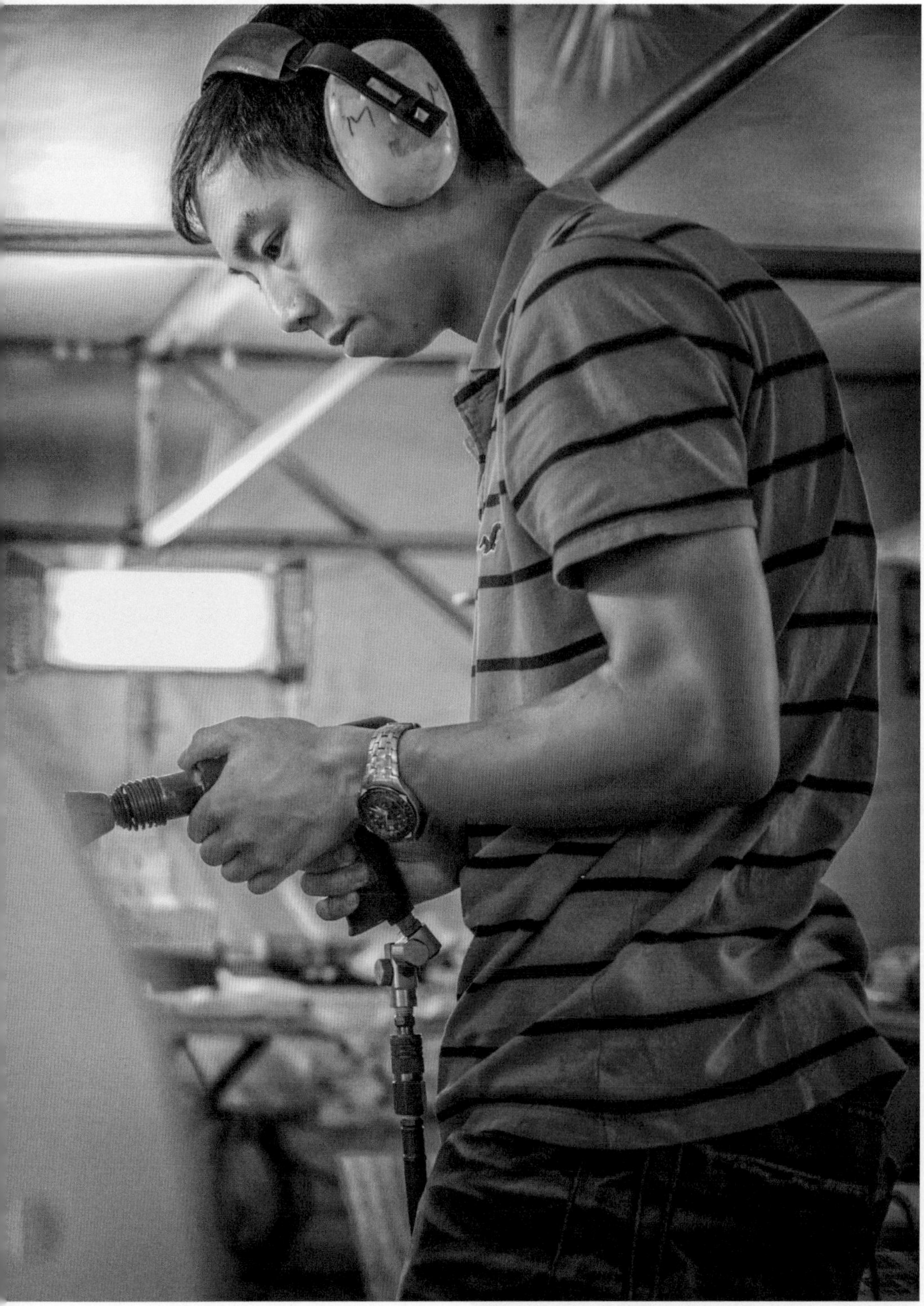

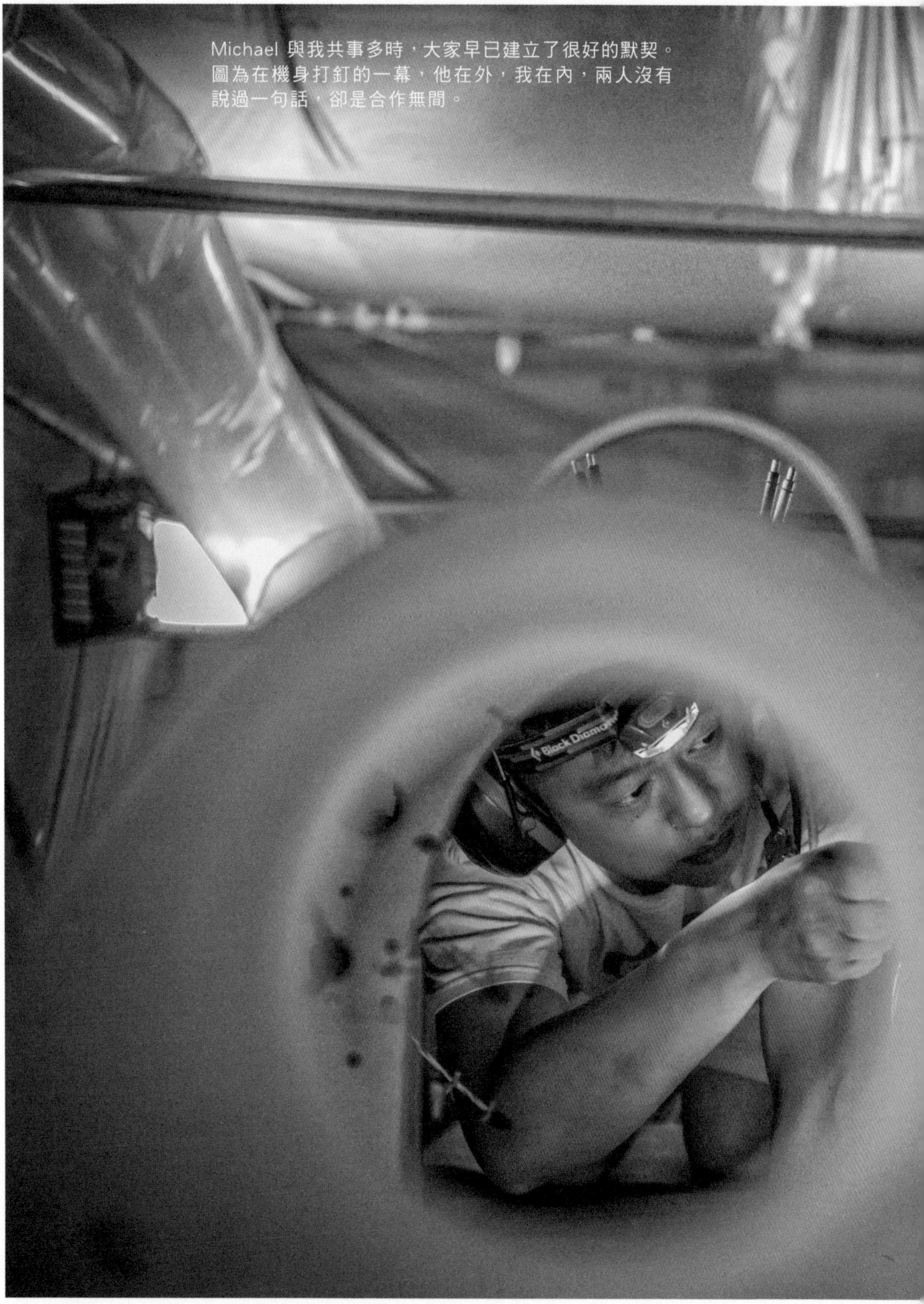

Michael 與我共事多時，大家早已建立了很好的默契。圖為在機身打釘的一幕，他在外，我在內，兩人沒有說過一句話，卻是合作無間。

飛機有些外殼物料是玻璃纖維，包括蓋着引擎的機頭部分及輪蓋等（即「整流罩」[Fairing]，用以減低空氣阻力），不幸地，廠方送來的引擎下蓋，竟然尺寸不合，相差了一吋！我隨即向 Bill 叔叔求助，未幾，他便引介了 Haceo 玻璃鐵維部門的鬼哥過來。鬼哥將那組件重新打造，結果只用了一星期多，問題再度迎刃而解！

時至二〇一五年三月份，當飛機建造工作已進入最後階段時，但 Gary 與民航處的角力卻一直沒有進展。

一切的問題，都來自於香港法例上對自行建造小型飛機的情況，沒有設立過清晰框架，所以並沒有人知道具體應如何去做。總之，民航處方面就是一句：「一架飛機必須要完成『試飛』之後才能發牌。」

就在民航處處長同意讓飛機在香港國際機場上作一次起飛、降落之後，Gary 終於找到一個千載難逢的機會：那就是讓這唯一一次的起飛、降落，變成就是飛機「試飛」的一部分。

當日民航處處長同意黃校長讓飛機「飛行」的請求，原意是在飛機「完全沒有問題」後作一次飛行；而 Gary 就利用語意當中的灰色地帶，直指處長提供的那一次機會，就是飛機的「試飛」。如此，團隊一方面得到了「試飛」的理據，另一方面，也讓民航處的負責官員有了一個下台階。

不過，正因 Gary 要求這一次飛行就是飛機的「試飛」，所以為此必須又再準備一大堆試飛文件來符合民航處的試飛要求。

原來在外國進行飛機試飛，飛機的生產商早已向當局提供了一系列的試飛的流程及指引文件，並已經得到認可，讓飛行員跟着操作便可以。然而這一部分的工作，在香港是完全沒有的，所以 Gary 的團隊必須親自草擬這一套試飛的流程文件，過程中 Gary 與其團隊共十多人一起開了無數次會，務求讓文件工作做到最好，然後才與民航處開會討論。

民航處既然已經允許飛機可以起飛，剩下的都只屬框架問題，亦即是執行工作層面的事，這都是可以解決的。所以，當 Gary 找到切入點之後，一切總算開始順暢起來，比起之前一直「遊花園」，現在已經變成在直路上前進了。

當時有前輩鼓勵我們說：「你們只要能做得漂漂亮亮，讓雪球持續滾大，其他人想攔也攔不住了。」但是，我和 Gary 心中有數：「這架飛機在香港完成這一次飛行之後，可能便再沒有下一次了。」

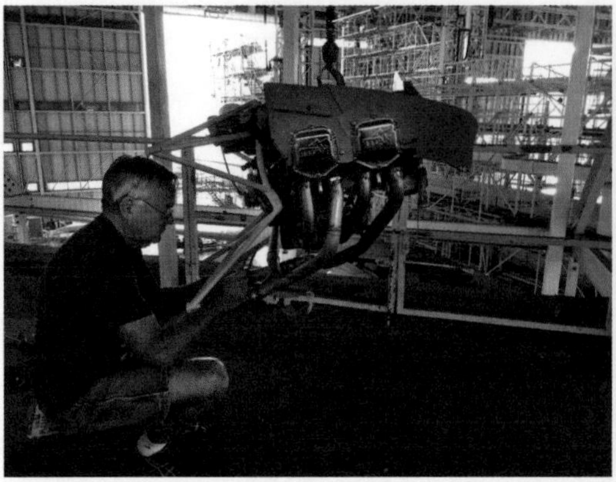

2 1

1 Geoff 在替引擎作基本檢查。

2 Geoff 自行研發了一個方法，就是將機身內裝引擎的架先拆下來，以便裝上引擎。

不久之後，我收到民航處寄來的賬單，對我們的小型飛機要在香港申請牌照，竟索價接近十二萬元港幣。看到這封信，我不禁向 Michael 抱怨：「天啊！怎麼這樣貴？簡直是在搶錢！」

「拿去交這筆錢吧。」沒料到 Michael 二話不說，便立即開了一張支票給我。儘管這個項目是我發起的，但原來 Michael 一早已認定這是自己份內事，十分上心。那一刻，我真的十分感動。

就在「試飛」一事漸露曙光的同時，飛機建造工作亦得加緊進行。當時飛機終於進入安裝引擎的環節，Geoff 特地從澳洲來港半個月，幫忙完成這項關鍵的工作。在 Geoff 主導下，一般需要花一個月時間才能安裝好的飛機引擎，竟然只花一星期便完成了，這實在讓我歎為觀止。

* * *

二〇一五年三月十一日，Michael 如常參與工作。

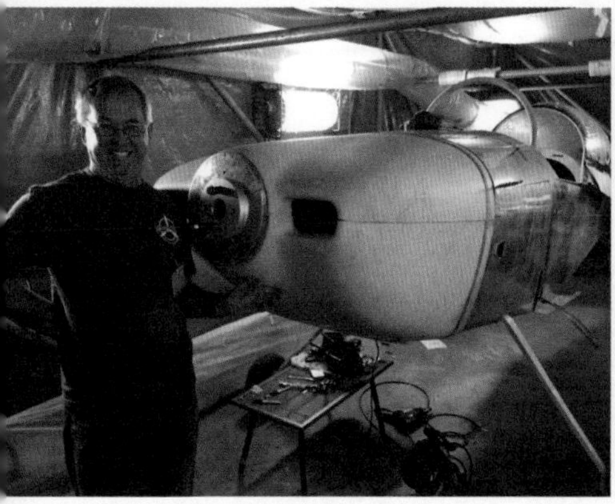

3-4　引擎裝好後，Geoff 難得地展露笑容。

4　3

當天他終於完成整個飛機電子系統的搭建，並順利啟動及完成測試。這可說是建造飛機另一個里程碑。我還記得，當日大概是傍晚六時左右，我和剛剛裝好飛機引擎的 Geoff 正準備離開，Michael 從機艙探出頭來，高興地向我們說：「電子系統大功告成！之後只需測試和調校就可以了！」

「那實在太好了！」我從來沒懷疑過 Michael 的能力，我知道這個電子系統遲早會搭建成功。那刻我十分高興，看了那系統一陣子，Michael 表示會多待一會兒，我便跟 Michael 道別：「那我們先走了，再見！」

Michael 也回了我們一聲：「再見！」

第二天，我如常回到工作間，在手機看新聞時，得知昨晚有兩位任職國泰的同事因為撞車而離世。我知道 Michael 一向喜愛玩車，便發了訊息給他，看看他是否知道此事。然而，Michael 遲遲沒回覆，我開始感到有點不尋常，隨即再次翻看那則新聞的照片，細看之下，竟看到事發現場有一台白色 BMW，正是 Michael 的車。

那一刻我的心涼了一截，立即再向 Michael 的朋友查問，不幸地，終於確認意外身亡的其中一人，正是Michael。

* * *

Michael的離世實在太突然了。他是我人生中第一位離世的朋友，我十分難過，當下無法處理自己的情緒。我在工作間向Geoff稍作交代，便立即飛奔出去，並出席了Michael的路祭。

由於Geoff是為了這飛機而特地回港半個月，即使我心情未平復，仍必須回去繼續工作。儘管我繼續工作，但其實根本心不在焉，尤其在工作中看到Michael寫下的字條、字跡乃至留下來的零食時，我便忍不住哭起來，腦中不停想起昔日Michael的種種片段。那一刻，Geoff除了安慰，亦不知如何是好。

另外，我又從工作桌下找到許多零件，都是Michael為飛機而買的。Michael更早已替飛機準備好近三十支機油，這批機油又重又貴，但他從不在乎，也沒向我提起過。我又回憶起Michael曾陪我一同前赴西雅圖，之後又獨自前往德州……，他無疑是這個項目中極為重要的成員。

Michael參與這個項目前後一共六年。正因他對這架飛機能夠建成有着十分重要的地位，然而最終卻沒能一起看到成果，所以，我決定要在機身加上他的名字，以作紀念——他與這飛機同在。

* * *

在 Michael 和團隊成員的資助下，我順利為飛機支付牌照註冊費用。而飛機的命名儀式，則在二〇一五年五月廿七日於 HAECO 飛機庫中舉行，當天邀請到教育局局長吳克儉及時任民航處處長羅崇文主持典禮。在吳局長、羅處長、黃校長和我一同揭曉下，飛機正式命名為「Inspiration」，寓意是「希望能啟發年輕人追尋自己的夢想」。

Micheal 留下來的 30 支機油。

1

2

3

1-2 飛機的命名儀式在 2015 年 5 月 27 日於 HAECO 飛機庫中舉行，當天邀請到教育局局長吳克儉及時任民航處處長羅崇文主持典禮。黃校長和一班學生也專程出席。飛機正式命名為「Inspiration」，寓意是「希望能啟發年輕人追尋自己的夢想」。

3 為紀念 Michael 的付出和貢獻，我特意將他的名字印在機身上。

Inspiration

Naming Ceremony
HAECO
of
The First Experimental Aircraft RV-8
in Hong Kong

B-KOO

第四章：Inspiration 的正式首飛

自從 Geoff 退休離開香港之後，飛機後期的建造工作，主要就是我及 Michael 兩人主理。沒想到 Michael 意外離世，團隊失去了一位十分重要的技術人員，我固然十分悲痛，也開始為飛機建造的事而憂心，因為 Michael 駕輕就熟的事情，於我而言卻是一籌莫展。

飛機引擎的測試 ——

因此，在哀悼 Michael 之際，我亦只好在公司的壁佈板上貼了一則「徵才啟事」，希望找到有能力的伙伴幫忙。啟事張貼之後，不少同事都主動跟我聯絡，表示願意支援這個項目；然而眾位應徵者當中，沒有一位曾經具有建造小型飛機的經驗。

這一困境，直到 Andrew 應徵為止。

Andrew 是一位來自南非的新入職機師，初次見面的時候，我發現他只是個二十出頭的年輕人，卻竟已曾經自行建造過這款 RV 小型飛機，這讓我十分驚訝。

原來，他的父親在南非從事小型飛機的維修工作，耳濡目染之下，他自幼就對飛機工程有深入認識。他有曾經建造小型飛機的經驗，是協助父親工作時所得來的。

二〇一五年六月，Andrew 正式加入團隊，而 Geoff 亦正好再來香港協助飛機最後階段的組裝工作。沒想到，Geoff 與 Andrew 雖然年齡差距那麼大（一個剛退休，一個剛入職），二人竟然一見如故，談得十分投契。原來兩人雖然分別都有建造飛機的經驗，但由於澳洲與南非兩地的文化不同，所以彼此便有許多不同的想法及技術，透過此刻互相交流，大家都能從中得到很多新的觀點，十分有啟發性。

不久，引擎及機翼都終於安裝好了，整架飛機，經歷了這麼多人與事，歷時近七年，終於組裝完成！那刻的心情，我真是無法形容……。

團隊新成員：來自南非的 Andrew，不過廿多歲，但已有自行建造小型飛機的經驗。

B-KOO

引擎及機翼都終於安裝好了，整架飛機，歷時近七年，終於組裝完成。

關於機身圖案的設計，我早有構思，就是希望以一條絲帶，貫穿着代表聖保祿學校和HACEO的顏色，以及香港精神。因我藝術天份不高，恰巧公司有位工程師 Tim Leung 愛好畫畫，自願幫忙，結果這意念得以成功落實。

在草地上降落。

在飛機完成組裝後，下一步就是要取得 RV-8 飛機駕駛牌照。由於飛機不同於汽車，牌照是按飛機的型號而劃分的，若沒有該飛機型號的駕駛牌照，儘管你是專業飛機師，也不能合法駕駛這架飛機——因為你真的不懂得駕駛。

二〇一五年九月下旬，我飛抵加拿大溫哥華重新練習小型飛機的駕駛。期間，還抽了一星期時間到美國俄勒岡州，接受為期三星期的專業駕駛訓練，以領取 RV-8 駕駛牌照。

雖然我最初學習駕駛飛機時，也是從小型飛機開始，但任職民航機師多年，以汽車為喻，小型飛機如同普通的私家車，而大型民航客機則如同貨櫃車，一個人習慣開貨櫃車之後，一下子要轉開私家車，往往會感到不習慣。所以我在這三星期中，先複習小型飛機的駕駛，讓自己重新掌握駕駛小型飛機的感覺。之後才到美國接受 RV 系列小型飛機的駕駛訓練。

事實上，整個駕駛訓練期間，真正駕駛 RV-7 的時間只有四天（RV-7 和 RV-8 型號相似，前者適合用作訓練）。該環節是由廠方的試飛員 Mike Seager 指導及教授。在此之前，我曾經出席一次飛機展，並特地跑到 RV 的展位查詢這項課程。當時那接待人員告訴我：「若論 RV 系列飛機的駕駛導師，最好的毋庸置疑就是 Mike Seager，他擁有超過一萬八千小時的 RV 系列飛機的駕駛經驗，而且資歷也獲美國民航處認可。」

在加拿大學習操控尾輪飛機。

這位駕駛導師竟擁有一萬八千小時的駕駛經驗！若在職業民航客機機師來說，累積這樣的時數也差不多該退休了。如今這位 Mike Seager 光是 RV 系列飛機就有超過一萬八千小時的駕駛經驗，堪稱是「神級機師」！因此，我就預約了時間跟他學習。

在這位「神級機師」的指導下，我在這四天駕駛着 RV-7，做了超過一百二十次起飛及降落。事實上，駕駛一架尾輪飛機最難掌握的技術就是起飛及降落了。

* * *

駕駛尾輪飛機的思維，與大型的民航客機完全不同。一般的飛機，尤其是客機，多數是沒有尾輪的，但 RV-8 卻是一款有尾輪的飛機。兩者在飛行中的操作沒有多大分別，但在地面滑行時，尾輪飛機會有很多不穩定因素；而且由於滑行中機頭較高，無法直視正面，滑行過程中需要左顧右盼，雙腳也要不斷地修正前進方向。

起飛時，一般的大型客機在進入起飛速度後，只要把機頭抽起便會開始爬升；但駕駛具有尾輪的小型飛機時，則要在滑行過程中先把尾部抽起，然後才把機頭抽起，進行爬升，所需技術要求較高。

降落時，一般前輪飛機在即將着陸之際，會將機頭抽起，待感受到着陸之後再

到美國跟「神級機師」Mike Seager 學習駕駛 RV-7 飛機。

將飛機前輪放下擺平即可；但是駕駛尾輪飛機時，則最理想要三輪（即兩個前輪及一個尾輪）三點式同時着陸：為何要同時着陸呢？因為如果降落速度太快，飛機碰觸地面就會反彈起來；如果太慢，飛機會失速而墜落太快，有機會造成損壞。

由於實在很難做得好，所以我在學習駕駛 RV-7 時，足足練習了超過百多次後，起飛及降落才算做得較像樣。我透過不斷練習，終於漸漸摸索出降落的方法。

在這裏學習駕駛 RV-7 時，當地的風力不太強，所以還算好操控；然而這款飛機在風速十節以上，便會開始難以控制，因為光是起飛時的滑行階段，飛機的前進方向便已經容易偏向。此外，訓練期間練習起飛、降落的機場，分別有草地和硬地，所以必須不斷進行練習，以求漸漸習慣那種感覺。除此之外，這個課程也有教我萬一飛機面對不同問題時，應該如何應付及挽救。

在我練習起飛降落期間，自覺就像變成一個不懂開飛機的人，然而 Mike 卻自始至終保持從容淡定，這除了令我不會感到太大壓力，也讓我對他更加敬佩。

在這次課程中，我進行了超過十五小時的 RV 駕駛訓練，再加上昔日駕駛其他尾輪飛機，我已經累積五十小時以上尾輪飛機的經驗，符合香港民航處的要求了。二〇一五年十月中旬，我完成這次駕駛課程，成功考取了 RV-8 型號的飛機駕駛牌照。

十月十六日，我取得 RV-8 飛機駕駛牌照並從美國返回香港，下一步，就是為我的 RV-8 進行引擎測試了。

尾輪飛機降落示意圖

太快
尾輪飛機降落速度太快，飛機碰觸地面就會反彈起來。

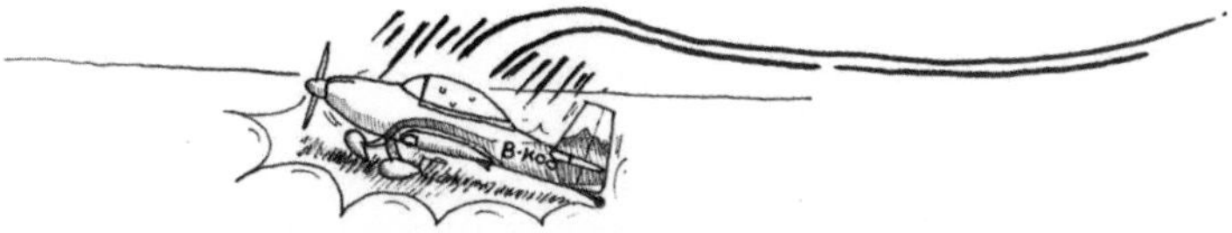

太慢
尾輪飛機降落速度太慢，飛機會失速而墜落太快，有機會造成損壞。

三點式着陸
尾輪飛機最理想的着陸方式：三個輪子同時着地。

插圖：鄭楚衡

要為引擎進行測試，就必須將飛機移至室外才能進行；要移到飛機庫以外，就必須將整架飛機從二樓吊到地面。想起這一幕，至今猶有餘悸。

之前從聖保祿學校搬來 HAECO 時，是將機身及兩片機翼拆分成三個組件裝在貨櫃，來到後再吊上二樓，那時候我沒有甚麼不安的感覺，但現在是將一架完成組裝的飛機吊下來，萬一這個環節發生意外，飛機從二樓摔到地面，整架飛機定必粉身碎骨，救無可救，那麼前後耗時近七年的這個心血，將會前功盡廢⋯⋯因此，在將飛機搬到地面的過程中，我擔心至甚至不敢觀看。

其實，HAECO 的工作人員都是這方面的專業人士，對他們而言，處理大型民航客機都不成問題，更何況是這架相比之下有如蚊子的小型飛機？結果，飛機順利吊到地面，而我就抹了滿額汗。

* * *

為了測試引擎，在香港飛行總會協助下，購買了飛機專用的電油 AVGAS（Aviation Gasoline）。這些電油每桶價格差不多港幣八千元，相當昂貴；但香港始終不同外國，能夠買到燃料已經很不容易，即使昂貴也沒辦法。事實上，香港飛行總會對這計劃真的提供了許多幫助，例如為我的小型飛機牌照安排在香港覆修及

1

3 2

1-3 HAECO 的工作人員將整架飛機從二樓吊到地面。結果過程順利，但其實我擔心得不得了，甚至不敢觀看。

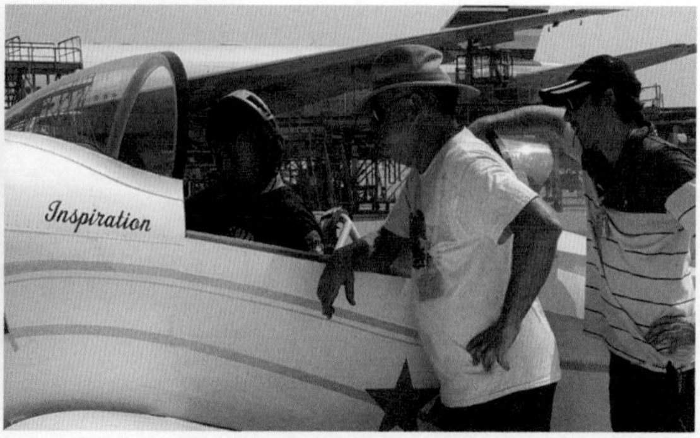

續期，這讓我之後不需要再赴外國處理牌照事宜，提供了莫大方便。

＊　＊　＊

到了測試引擎當日，天朗氣清，我卻十分緊張。我、Geoff 與 Andrew 等人大清早就來到 HAECO。將飛機移出飛機庫後，Andrew 先將飛機燃油一公升一公升地倒入油缸，藉此測試及調校油錶。完成調校之後，我就坐進駕駛艙，並正式啟動引擎，進行測試。

啟動飛機引擎與啟動汽車引擎可是兩碼子的事，因為現代的汽車設計，早已將啟動汽車引擎的許多步驟自動化；然而要啟動飛機引擎，需要人手操作，一步步來進行：首先要開啟電力系統，然後打開一邊油缸，再開啟油泵……前後將近十個步驟，才能完成替飛機的引擎點火，讓螺旋槳開始轉動。

由於整個過程必須倚靠機師用腦袋記住，動作也要純熟連貫，中間沒有任何空間可以看小抄，所以這一連串步驟我之前已經模擬練習不知多少次，務求手法達至熟練為止。

然而，我始終是第一次正式操作，心情緊張在所難免，結果第一次啟動失敗了。

對此 Geoff 已經在怪叫，我沒理他，再度集中精神，重頭再作一次，結果，引擎終

★ 啟動飛機引擎步驟 ★

1・啟動電子系統
2・選用油缸
3・打開油筏
4・開啟油泵五秒
5・關油泵
6・關油筏
7・開油門
8・開啟電子打火系統
9・轉動螺旋槳直至引擎點火

2　1

1　Geoff和Andrew跟我一起測試引擎。圖為Geoff在旁邊看着我啟動引擎，結果第一次以失敗告終。

2　從我的角度看，Geoff和Andrew的頭都十分接近螺旋漿，場面好像十分驚險。

於啟動了。

我在狹小的駕駛艙，看着前方那螺旋槳低速旋轉，就像一台大風扇似的，呼呼作響。Geoff及Andrew就站在這台「大風扇」旁邊，若無其事地朝向引擎探頭探腦，對不同部位進行檢查，從我的角度看，他兩位好像只差少許就會被「大風扇」捲進去，場面非常驚險。

我坐在駕駛艙裏，雖然沒怎麼動，卻已滿頭大汗，未幾，發現引擎出現漏油情況，油漬不斷彈到玻璃罩之上。在此之前，我早已聽聞第一次啟動引擎，往往有很多東西漏出來，需要花許多工夫整修。我很擔心飛機引擎是否出了大問題，Geoff及Andrew也要我立即關了引擎，隨即再仔細檢查。幸而他們發現只是小問題，不過是有一個封口膠圈沒處理好，只要花五分鐘就能處理。話雖如此，但要處理那個封口膠圈前後的裝拆過程，竟足足花了三小時才完成。

經過整修之後，我再次啟動引擎，這一次，終於再沒有出現任何問題，總算大功告成！

由於這次的測試尚算順利，可見整個組裝過程都很難得地沒

1
2

1-2　Geoff 和 Andrew 仔細地檢查引擎。

3 我們發現有一個封口膠圈出了問題，需要修正。

4 同日 Bill 叔叔和幾位師傅也有來協助。

3

4

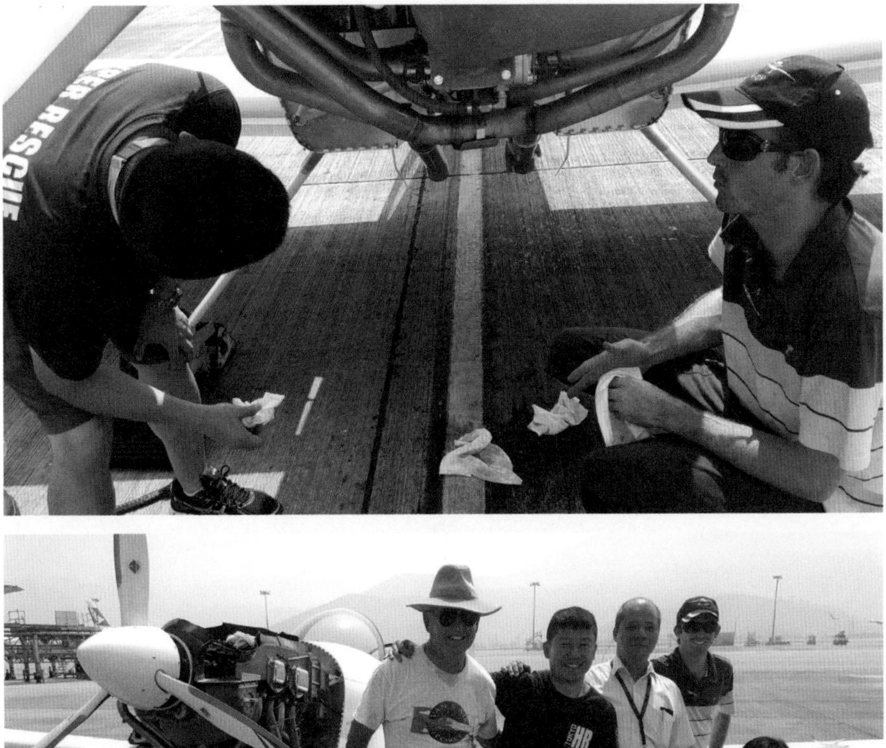

有出甚麼差錯，這讓我感到十分欣慰。事實上，這架飛機儘管一直面對那麼多難題和阻滯，卻都一一解決，並在七年內完成組裝，對我而這，已經是一項奇蹟了。

* * *

引擎測試通過後，同日下午，我們就要為引擎進行全速測試。引擎全速測試是需要在機場內的指定地點進行的，當時機場管理局的人員有提議我用拖車把飛機拉過去，但這型號飛機根本沒有拖行接合點，所以，我和團隊中幾位大漢就用了最原始的方法——人手推動，將飛機推往指定地點進行測試；光從機庫來回那地方，便要花上一個多小時。我還記得，大家是在夕陽西下推着飛機，好像有種說不出的浪漫……是吧？

* * *

在通過引擎全速測試後，下一關，便是要在跑道上進行滑行測試。

所謂「滑行測試」，分「低速滑行試驗」及「高速滑行試驗」：將飛機從機庫中開出跑道，便是低速滑行試驗（即大約行人的步速）；而高速滑行試驗，就是讓飛機進入飛行狀態，只是不作離地爬升，目的是在過程中檢查飛機會否出現甚麼問

夕陽西下，幾位大漢推着小型飛
機，這畫面是否很有男人的浪漫？

題，務求盡快改善。所以，高速滑行試驗與真正飛行其實已經很接近了。

在高速滑行試驗期間，Gary 常跟我說：「忍手呀！」的確，歷時七年多，那一刻真的有拉起控制桿就此直飛上天的衝動……，當然，最後我還冷靜下來，畢竟安全是最重要的。

滑行測試後，Andrew 聽到尾輪有點怪聲，結果發現飛機尾輪的潤滑油不夠，在滑行中已經造成尾輪的軸承磨損，並要立即更換尾輪。然而這尾輪在香港難以買到，而現在向美國訂購，將要等一段時間才能寄到。

由於我必須於取得 RV-8 飛機駕駛牌照的一個月內，讓這架飛機起飛，否則該牌照便會到期，所以，二〇一五年十一月十五日將是飛機正式飛行的底線；但這一刻尾輪卻損壞了。

忐忑的試飛前夕

就在大家為尾輪問題而頭疼時，我發現在接下來的值勤航班中，有一班飛往南非約翰尼斯堡（Johannesburg）的航程，我立時告知 Andrew。由於南非是他的故鄉，而當地本來就有很多 RV 系列的小型飛機，他隨即利用自己在當地的人脈，尋找補購這款尾輪的可行性。最後，Andrew 成功找到了一位朋友，他剛好有備用尾輪可

1 滑行試飛前作最後檢查。

2 Andrew是這次滑行測試的經理（Manager），負責監督和指揮整個過程。

3 滑行測試後，發覺尾輪損毀了。

Andrew 的朋友慷慨地讓我試開他那架 RV-8，但我怕有甚麼意外而婉拒了。

以轉賣。

為此，我甫抵達約翰尼斯堡，便立即趕往拜會 Andrew 的朋友。那位朋友不但轉賣了尾輪給我，並很慷慨地願意讓我試開他自已那架 RV-8。然而那台 RV-8 始終是別人的飛機，我害怕萬一有甚麼閃失，弄壞別人的飛機就不好了，所以我婉拒了他的好意。那位朋友亦明白我的擔憂，於是便帶我駕駛其他型號的飛機，當作日常練習。

須知一個地區的空氣密度，對飛機操控的影響是十分大的。香港屬於海拔零呎的地方，是空氣密度最高的地區，所以飛機十分容易操控；然而海拔越高的地方，空氣便越稀薄，飛機的反應亦會越遲鈍。約翰尼斯堡屬海拔五千呎的地區，因此當我駕駛着小型飛機時，即發現飛機很難控制；而且當天風力又強，跑道又短又窄，與之前在美國進行課程時的感覺很不一樣。

這一次的駕駛練習，讓本來蠻有信心的我，知道到自己能力上的局限。

* * *

另一邊廂，當飛機在十月中旬完成一切測試後，Gary 即帶領團隊眾人，密鑼緊鼓地跟民航處交涉，以及補充文件及報告，落實在十一月十五日正式起飛。

同時，Gary亦向民航處強調，正式飛行當天將會邀請眾多嘉賓及各大傳媒出席，由於大家都不希望在飛行中發生意外，所以請求民航處允許在十一月十五日正式飛行（即「紀念航」）之前，安排十一月一日先作一次綵排性質的預演試飛（即「處女航」）。當下，民航處及機管局等相關官員都同意了這個安排。

就在各方面都能夠配合之後，飛機將於十一月十五日作正式飛行的消息立即得到廣大傳媒的報道，全香港幾乎無人不知。至於綵排性質的十一月一日預演試飛，則不會對外公開，一方面減少各方壓力，另外是要讓各機構在十五日當天可以更清晰可如何配合。這樣安排，是最安全及保險的了。

就在大家準備好十一月一日會先作一次試飛時，卻在試飛前一天的十月三十一日，收到民航處的電郵，將有關安排直接否決。信中指出：「本來說好只會安排一次飛行，無論如何，變成兩次是決不允許的。」

本來是各單位都一致同意的安排，最終高層一句話壓下來，十一月一日的試飛便取消了。結果，到了十一月一日那天，本來處於興奮狀態的我，突然變得無所事事。那天我也到了飛機庫，看着那實在好到不得了的天氣，只有不停地嘆氣：「今天本是最適合飛行的日子啊！」

沒有了這個綵排試飛的機會，十一月十五日當天就成了唯一一次的飛行機會，而且沒有任何可以失敗的空間。當時，我和團隊中所有人真的面對十分沉重的壓力。

試想，這麼多人花了這麼多的心血、時間，以至無條件付出，還有 Michael 的離世，大家為的就是想將這架飛機送上天。

回看這次的安排，在全球航空歷史而言，是十分反傳統的：外國的民航處不會贊成飛行員在為飛機進行試飛時，需要面對那麼大壓力，並且是在眾目睽睽之下，去進行首航。

當 Gary 知道不能在十一月一日進行試飛時，他內心較我更憤怒，他見到的是，基於官僚體系的問題，把安全置於次要的位置，根本是本末倒置。然而，他雖然心中氣憤，也一直讓自己保持冷靜，思考對策。

思前想後，最終，Gary 向相關部門作了這樣的建議——這也是我們的最後底線，若不，就索性搬到其他國家起飛算了。「由於十一月十五日的飛行在香港社會各界引起熱烈關注，當天將會有大量傳媒到場採訪，為了讓這次正式的『演出』表現得更好，不讓香港的航空界蒙羞，所以當天在嘉賓到場之前（即當日清早），宜先讓飛機試飛一次。這次飛行是不會對外宣佈的。若這一次飛行順利的話，之後便可以在嘉賓面前作一次正式的飛行；若這一次飛行失敗的話，那麼便不會再飛，原定招待嘉賓的發佈會也會取消。」最後，這個兩段式的「一次飛行」建議終於得到接納，民航處最後總算是將安全放在第一位。

對我而言，能夠在十一月十五日大清早先作試飛，已經是「最差安排」中的「最好方案」。至此，在正式飛行之前，我已經沒有其他事情要做，每天，我就在機艙中進行操作練習。

* * *

自十一月一日起，除了駕駛飛機，其他一切安排都交由Gary帶領整個團隊打點。

在這次飛行中，由於機管局限制最多只可招待一百五十位來賓，到場採訪的傳媒記者亦包含在內，因此安排的手續十分繁複。從此時起直到正式飛行之前，Gary帶領團隊不斷跟機管局、機場消防、機場保安、傳媒等單位舉行會議，十分忙碌。

與此同時，我們那爭取贊助的團隊，為了經費問題勞心勞力，卻一直沒有太大突破。直到二〇一五年十一月十五日獲准正式飛行的消息得到確定後，我們才收到公司的通知，確定將會給予我們贊助。

所以，這次正式飛行，堪稱是贊助團隊的一個轉捩點，很多單位隨後都願意贊助。

* * *

到了十一月十三日，Gary 與團隊的成員開了一次內部會議，而且故意安排我不必參與。

為甚麼呢？

那次會議由 Gary 主持，除了討論正式飛行當天的安排，並特別花了些時間，討論萬一這次飛行出現意外時，大家應該怎樣安排。

Gary 作為專業的飛機工程師及小型飛機機師，當然很清楚有很多原因會造成小型飛機意外或失事。但這些擔憂，他一直都沒跟我提過。作為飛機工程師，當他為這一架飛機作了簽署，亦代表了他必須承擔背後的許多責任；加上他已經成了我多年的好朋友，萬一飛機真的失事，他寧願飛機損毀就算了，千萬不要有人命傷亡。

原來，Michael 離世固然為我帶來很大的傷痛，對 Gary 亦然。他的離去，令 Gary 發現到人的生命原來可以很脆弱、很兒戲。因為這件事，一直讓他對我試飛時的安全感到憂慮。

Gary 尤其擔心的，是我會在當天第二次飛行中出事：因為第一次是沒有人看得到的，一旦發生意外，還算比較容易處理；但第二次就完全不同了，不單是眾目睽睽，各大傳媒都在現場，而且我的家人全部都在，一旦有任何差錯，那情況實在難以想像……。為此，Gary 還真的預先安排好萬一真的出意外時，團隊的每位成員應該如何安慰及引領家屬。

這次會議後，Gary 堅持在十一月十四日，即正式飛行前一天，要讓大家放鬆一下，甚麼都不必做，就是好好回家休息。Gary 記得他在會議中最後說了一句：「總之，十四日大家開開心心回家，十五日再回來吧！」

十一月十四日下午六時，Gary 透過 Whatsapp 跟我說：「專心做好自己的事，其他的事由我們來處理。」

隨後，Gary 便把我從團隊的手機通訊群組（Whatsapp Group）中移除了。

香港起飛！——★

早在正式飛行前的一個月，我很多晚睡覺時，都會夢見自己正在駕駛那架 RV-8 小型飛機，並在飛行過程中面臨不同的遭遇，情節天馬行空。那一個月，我也不知該怎樣形容自己的狀態，不過，太太和兒女一直表現得很支持，對我也充滿信心，確實為我注入不少能量。

十一月十四日晚，我的心情難免亢奮，整夜無法熟睡。由於十五日凌晨四時就要出門，我在凌晨三時就起床了，看看時鐘，前後只睡了三個小時，然而，我卻絲毫不覺疲倦。當我出門時，家人都還沒起床。

當我抵達 HAECO 的飛機庫時，原來團隊的各位成員早已各就各位，新的尾輪

不但已經安裝妥當，飛機亦已準備就緒。我環顧現場，發現民航處有兩位官員正站在一旁，卻是穿着一身便服，意味他們在活動中將不會對外表露身份，他們的職責是監察我們不會在天氣不達標的情況下起飛。

由於 RV-8 是一架小型飛機，民航處對試飛天氣有特定的要求，例如我們不能飛進雲內、能見度要有五千米、側風風速要在五節或以下，才會被允許起飛。在香港地區而言，這樣的標準其實不是經常可以達到的。

此外，大清早第一次的試飛，我們曾承諾沒有任何傳媒在場。然而當時卻出現了一支電視台的採訪隊伍。那一支攝製隊伍，其實不過兩個人，是屬於某個時事節目的，早在年多前，便一直跟隨我們的團隊在旁進行記錄。這支攝製隊伍十分專業，從來不會干擾我們工作，只在旁邊默默攝製，即使是訪問我們的感受，也不必預先首航當日的清早時份，我先跟團隊一起打氣，大家眾志成城。

起飛前一刻。

背台詞，想説甚麼便説甚麼。因此，早在這次試飛前跟民航處開會時，雖有官員作出抗議，我即替他們辯護：「在我們的眼中，這支攝製隊並不算傳媒，而是我們團隊的一份子。」當然，我也解釋了他們出現的前因後果，最終，官員接受了我的辯解，這支攝製隊終於可在首次試飛時留在現場。

* * *

香港國際機場每天都會從凌晨時分起，封閉其中一條跑道進行維修，直至上午八時為止。但事實上，維修工作一般到上午六時便已完成，而從上午八時起才開放給民航客機使用，所以十一月十五日上午六時至八時的時段，那條 07L 跑道便能供予我們專用，同時亦不會影響民航客機的升降。

當天的天亮時間是上午五時，天亮之後我才能將飛機滑行至跑道，然而當天的天氣不是太好，天氣狀況並未達標，我除了等待之外，便沒有任何事可作。

上午五時五十一分，雲底、能見度及側風風速等因素終於剛好達標。坐在機艙之中的我早已準備就緒，並通知控制塔：「B-KOO, REQUEST TAXI（要求滑行批准及指示）。」

我將飛機滑行至跑道。在進入跑道之前，飛機先停在跑道前的空位，並進行一

Andrew 手拿無線電，跟我一直保持聯繫。

些檢查和引擎測試。這些測試是每一次飛行前都會做的，目的是確保所有重要的飛行儀器、引擎控制、電油輸送等正常。檢查過一切正常之後，我將引擎的速度推高。飛機即將準備起飛，之前的興奮指數隨即降低，內心不禁開始擔心起飛之後引擎會出現故障。始終這是引擎第一次正式使用，性能如何仍是未知之數，不過我亦做好準備：萬一引擎故障，就立即採取滑翔着陸。其實這些故障情況已在美國跟 Mike Seager 重複演練多次，也在飛機上「模擬」練習過無數次。幸好香港國際機場的跑道很長，我隨時可以緊急着陸，在任何位置都可以作滑翔降落。

起飛前一刻，我深呼吸一口氣，清除一切雜念，一切按部就班地進行。我通知控制搭：「READY FOR TAKE-OFF。」控制搭隨即回覆：「B-KOO, CLEARED FOR TAKE-OFF, RUNWAY 07L。」飛機正式獲批准起飛。我把油門推至最大，飛行儀器顯示一切正常。飛機在跑道上滑行不到一千呎，空速表顯示五十 KTS（節），我把控制桿推前，機尾隨即升起；六十 KTS，我把控制桿拉後，整架一千三百多磅的飛機，盛載七年的心血，離開地面。

它終於起飛了。

我將飛機一直爬升至三千呎的高度，然後平繞一圈。

當我將飛機攀升至五千呎時，突然一道曙光映入眼簾。這日出景象，是多少人的心血、精神和時間所成就出來！

就在三千呎高度時，我終於有空間思考，才憶起過去七年來，自己得到那麼多人的協助，今天才能為自己圓夢。對團隊的每一位成員而言，他們參與的目的，就是期望這架飛機能夠真的起飛，而對他們付出的最好回報，就是這架飛機能夠順利飛行。再想起 Gary 多年來與民航處奮力周旋，以至 Michael 的家人及女友今天都應邀來到，代 Michael 見證這個歷史時刻……。在天上的那一刻，我終於鬆一口氣了。

自己對曾為這事付出的各位，乃至聖保祿學校中曾參與其中的每位學生們，都能夠有一個交代了。

在飛行的過程中，我一度想過：「為何不索性飛久一點？」我不知道這次飛行，會否變成這飛機的最後一次飛行，始終只要當局一聲令下，就能讓我們的飛行活動腰斬。

首航成功！我將飛機滑行回到停機坪，甫落機，Andrew 就第一個上前跟我握手道賀。

然而我的理智告訴自己：「我們做事必須要專業，要遵守承諾，否則便真的沒有下一次了。」

檢查飛機一切正常之後，我便通知控制塔，即將爬升至五千呎高度。當飛機升到五千呎時，因雲比較多，我就駕着飛機在雲層之間左穿右插，突然，一道光線映入眼簾，那是日出！我沒想過會在這情形下看到日出的，那曙光初現的景像，實在太有意思了。這日出跟我平日行山看到的截然不同，這是經過多少年、多少人、以至多少心血所煉就而成的一幕景像！沒有大家的付出，我根本不會看到這日出的。

我定過神來後，在五千呎繞了一圈，然後回到三千呎高度再繞一圈，之後，就準備降落了。降落時我也擔心飛機會否有意想不到的反應？萬一有事故時我是否真的能控制到？幸而香港國際機場的跑道十分寬闊（足有一百九十七呎），給我很大空間去降落，因此我降落時算是十分從容，結果，這是我自從學懂駕駛小型飛機以來，完成得最好的一次降落。如此，終於完成了飛機的「處女航」！

這一次的飛行，說到底仍只是「綵排」，飛行時間其實不足十五分鐘，我只覺得這段時間過得真的很快。

在整個試飛過程中，飛機基本上一切正常，只有一些小毛病，例如通訊器中有點雜聲，但整體而言飛行狀態十分良好。返回地面的一刻，我心中十分感動：「過去努力七年，為的就是這一刻，現在我們終於成功了！」

* * *

團隊的成員以及 HAECO 的工作人員都很高興，因為大家知道剛才的「首航」十分成功。不過在首航之際，Gary 卻在機場大堂負責接待嘉賓及傳媒，沒有機會目擊這次試飛。

為了避免來賓看到這次沒有把握的試飛，所以 Gary 特地安排大家在機場大堂集合，他的策略是：我未完成試飛，他便不會放行；甚至萬一我的飛機失事，Gary 便會立即宣佈活動取消。

Gary 在前一夜也睡得不好，他的心情十分複雜。因為這次試飛事關重大，而且過程中萬一發生意外，他就是唯一主持大局的人，壓力之大絕不下於我。

當天，Gary 讓來賓上午五時集合；另一邊廂，我在五時四十分就位，六時正準備試飛，約六時十分進入跑道，完成試飛之後，六時四十五分返回停機坪。直到現場人員告知 Gary 首次試飛成功之後，他才鬆一口氣——至少證明飛機狀態良好。七時正，Gary 終於帶領來賓抵達現場。

當我將飛機滑行回到停機坪時，看到嘉賓正陸續進場。我一落機，Andrew 就第一個上前跟我握手，他也試過首航自己的飛機，所以很明白我當時的感受。然而，我們並沒有多餘時間去慶祝，Andrew 立即檢查飛機內部有沒有出現不正常的情況。

1 一眾團隊成員在國泰城作準備。

2 Gary 在機場大堂指揮大局。前一夜他其實睡得不好，心情相當複雜。

3 Gary 知悉我首飛成功，才告鬆一口氣。隨後他在停機坪擔任這次活動的司儀。

* * *

嘉賓當中，政府派來了一位政治助理，贊助商亦有派代表出席。此外，聖保祿學校的黃校長，以及一群曾經參與建造飛機的女學生，今天也一一到場，準備見證飛機起飛。

親屬、嘉賓及傳媒都來到停機坪，Gary 就拿起米高峰，開始介紹當天的流程。另一邊廂，Andrew 替飛機完成最後檢查，確定沒有任何問題後，我便安心作這次正式的「紀念航」了。

對觀眾而言，這是飛機的第一次飛行。我把飛機滑行出去，告訴自己只需要將之前的流程重頭再做一遍就可以了，感覺比之前輕鬆得多。（若沒有剛才那次不公開的試飛，可以想像大家壓力會有多大。）

飛機順利起飛，在爬升至三百呎高度左右時，我看到那一群觀眾站在圍欄之內，便把飛機左右擺動了幾下。當時不少觀眾包括太太都不知道飛機為甚麼會搖動得這麼厲害，一度擔心是否飛機出現問題，Gary 立即向大家說明，這是飛機向大家打招呼的方法，大家才放鬆下來。

在這次正式飛行中，我將飛機爬升至三千呎高度之後先繞了一圈，然後每降低一千呎繞一圈，合共繞了三圈就開始降落了。這一次降落，我多留意了飛機的細節，

飛機滑行至跑道，準備在
所有觀眾面前起飛。

B-KOO

例如電子儀器運作是否正常？有否古怪聲音？有否不尋常的震盪？當時，我真的有一念想多飛幾個圈，甚至想試一下低飛，但畢竟我是背負住整個團隊的心血，不能任意妄為，否則就會封了之後的「後路」。

降落一刻，我真的不捨。當然也有高興，因為飛機狀態十分好，過程也很順利，但是，我隨即想到，下次這架飛機再飛時會是何時？還有沒有機會起飛？之後的命運如何？

成功降落之後，我透過玻璃罩遙遙看見太太，我很想立刻跟她說話，想起手機就在身旁，於是立即打了一通電話給她，跟她說：「我完成了！」

電話另一端，傳來太太親切的聲音，她笑説：「傻瓜，我當然知道！我全部都看見了！快點回來吧！」

太太從來沒想過我有可能發生意外，而我亦從沒告訴太太這次飛行會有任何風險。也許，太太根本不相信我會在不安全的情況下去進行飛行，她是完全地信任我。

相反，我的父母則天天都擔心我會發生意外。父母永遠是父母，不管我是甚麼

成功降落之後，我立刻打電話給太太，
跟她說：「我完成了！」

相擁而笑。

職業飛機師，準備有多充足，團隊有多專業，都會擔心。當然他們熟知我的脾性，一旦決定了就不會輕言放棄，所以他們也只有默默支持，直至那一刻看見飛機安全着陸，才總算放下心頭大石，展開笑容。

至於我的兩個孩子，看見飛機起飛，當然十分興奮。兒子可能受我影響，本身就很熱愛機械，在建造飛機過程期間，他也曾跟着我一起跑到 HAECO 參觀，更經常坐在駕駛艙內扮機師，自他出生以後，可謂親眼看着飛機從建造到完成的過程，他的興奮之情，可想而知；至於女兒，雖然對機械興趣不是十分濃厚，但見到爸爸這樣「威風」，也覺得很開心。

降落後，我的心情變得相當興奮。飛機滑行回到 HAECO 後，我和 Gary 隨即向大家作了簡報，感謝為這個項目提供支持的各方人士，亦感謝家人及學生們的付出及參與。

在發言之後，整個團隊都非常高興，立即開香檳慶祝。在此之前，大家雖然面對一個又一個的難關，也發生了許多讓人氣憤的事，但至此一切都已經不重要了。

這次首航，圓滿完成。

這一次飛機首航，除香港本地的傳媒，還有來自中國、澳門、台灣等地方合共接近五十家媒體到場採訪，「香港起飛」這消息，十分轟動。

當時大家還沒多想環球飛行的事。是的，我和 Gary 一直都很清楚，我們只是行

完成「紀念航」後，我向來賓作出簡報，感謝為這項目曾經付出過的所有人。

了一半的路，究竟前面還有甚麼難題，也難以估計。沒想到，原來之後還會有更巨大的挑戰。不過，那已經是後話了；當下，每一個曾為這項目付出過的人，都在好好享受那一刻成功。

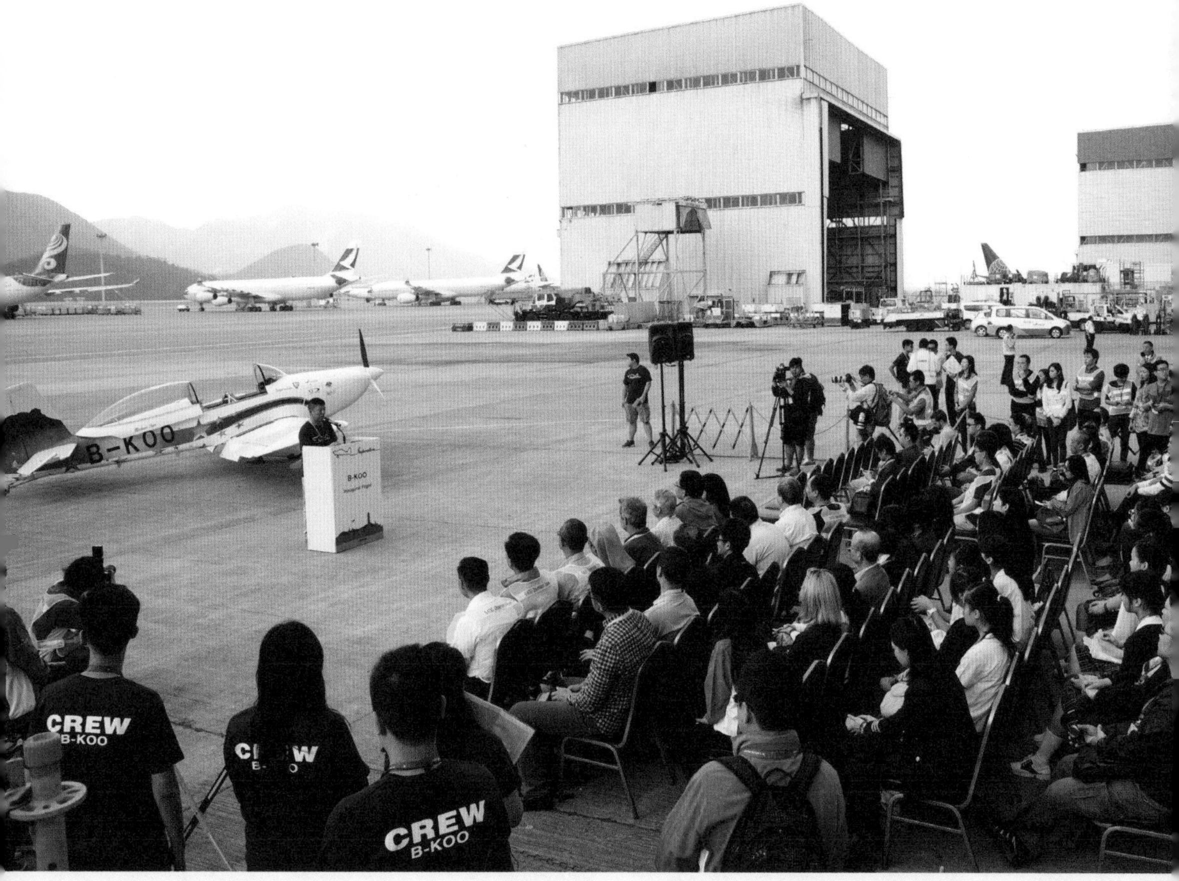
B-KOO
B-KOO
CREW
B-KOO
CREW
B-KOO

Inspiration
Inspiration

Inspiration

B-KOO Inaugural Flight
B-KOO Inaugural Flight

Inspiration
Inspiration
Inspiration

FITCH
WINTER CLASSIC
YORK
Flight

B-KOO Inaugural Flight

飛 行

下篇 環球

第五章：澳洲試飛

二〇一五年十一月十五日，代表着香港首架自行裝嵌的小型飛機成功首航，這絕對是一個里程碑，但我很清楚這不是完結，而是另一個階段的開始。

事實上，自家製小型飛機在外國可謂家常便飯，對我而言，要做一件連外國人也認為特別的事，這樣才值得受人尊敬，那就是環球飛行了。

環球飛行是打從我一開始建造飛機時就已經有的想法，早在二〇〇八年我送到不同學校的計劃書中，已經列明出來。

我十分清楚，用自己組裝的飛機來環遊世界，全世界應不多於二三十人。我心裏想：「若能完成環球飛行這件事，便真的能夠圓自己兒時的夢了：一是建做一架自己的飛機，二是環遊世界。」

要求在港完成試飛

經過十一月十五日的首航後，Gary 對飛機的性能已經很放心，因為他作為飛機工程師，很清楚一架飛機在建成之後，首航正是最容易出意外的；只要首航順利，之後出問題的可能性便不大了。

過了幾天，Gary 已去信當時的民航處處長，請求允許讓飛機繼續完成合共廿五小時的試飛，以便取得正式牌照，作環球飛行。信中表示：「我們已經成功飛了第

完成首航後，飛機暫停泊在 HAECO 的飛機庫。

一次，飛機性能良好，而且得到傳媒廣泛報道。這架飛機已是香港之光，不知有否機會可以在香港完成整個試飛計劃？」待到十二月中，我們收到了回覆。處方的回應是：需要再與「所有的飛行持份者」召開會議一起進行探討。

我們之所以迫不及待，是因為飛機引擎不能等——飛機的引擎一旦啟動，只要兩三週不運作，內部就有機會生鏽。在此期間，Geoff已不斷提醒我，一定要替引擎進行防鏽。防鏽的工序為：灌防鏽油入引擎，然後進行飛行，才能讓防鏽油塗滿整個引擎內部。然而，由於沒辦法飛行，所以防鏽亦僅限部分零件，無法深入，效果並不理想。

Gary很擔心引擎出問題，因為若要作環球飛行的話，引擎一定要保持最佳狀態。為此，他一直努力向民航處請求批准在香港完成廿五小時的試飛，但同時也設了底線：如果爭取三個月（即至二〇一六年二月）都沒有結果，就會立即安排轉往澳洲進行試飛。

除了飛機引擎的問題，另一個考慮與季節有關。若真的要環球飛行，其實並不適合在冬季進行，因為好些地方的氣溫會太低，至於六、七月也不是好時機，因為那是颱風季節，所以，我們很早已決定，環球飛行務需在二〇一六年八月開始，並在同年冬季來臨前完成。

* * *

有了時間表，整件事也變得清晰了。接下來就是逐項問題解決。當時主要有三大事項：

一、爭取在香港完成廿五小時的試飛，從而取得牌照。

二、規劃及落實環球飛行的路線。

三、籌募資金。

有關在香港完成廿五小時試飛事宜，交由 Gary 及他的團隊跟進，我則做回機師該做的事——規劃環球之旅的飛行路線。

在完成首飛之前，我從未好好構思過自己的環球飛行路線。如今，我終於要開始認真規劃了。我在多年前曾讀過一本名為 *Now Solo* 的書，作者是一位英國女士 Jennifer Murray。

Jennifer 只是一個普通人，她直到五十多歲才考取直升機的駕駛執照，然後就在二〇〇〇年初開始環球飛行，而且前後一共飛了兩次，其中一次更到了南極。看她的書，實在讓我由衷佩服，也激發我的鬥志——她年紀那麼大也能夠做到，我既有專業的身份、能力，背後也有一支強大的團隊，實在沒有做不到的理由。

這本Now Solo，不知被我翻閱過多少遍。圓圖就是曾經駕着直升機作環球飛行的英國女士——Jennifer Murray。

當然，Jennifer也不是孤身上路的，她有一架小型飛機以及一架輕型飛機（Microlight）隨行，方便補給。有好一段時間，我都想效法她的模式——全程環球之旅有另一架較大的飛機陪同飛行。結果未能成事，這個是後話了。

橫跨太平洋的超長航線——★

當初我選擇RV-8型號的飛機，就是知道曾經有人成功用作環球飛行，所以對它的性能有一定信心。之後我一直有跟其他曾有環球飛行經驗的前輩聯絡，收集了許多意見，包括如何計算飛機的距離，以及如何計劃航程等等。

在整個環球飛行中，最困難的一段要算是從夏威夷起飛，橫跨半個太平洋，直飛加州這一段，整段距離長達二千海哩，中間沒有任何地方可供降落或停頓，行程估計達十七小時！在RV-8的出廠說明書中，指出這飛機的設計基本上只能飛行八百海哩，換言之僅有五小時的續航能力。為此，我得要替飛機增加油缸，即加大燃油量，將續航能力大幅延長。

上路與下路的航線

上路

「上路」的好處是，可大幅減少跨海航程，但當中好幾個地方的航線申請都十分困難。

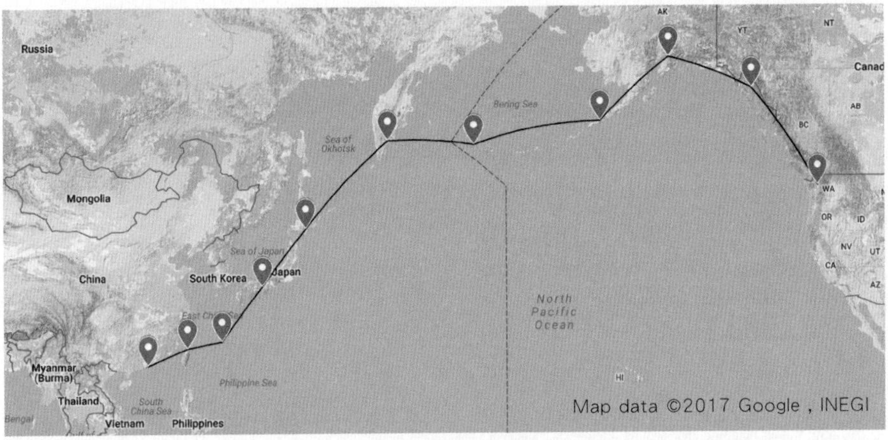

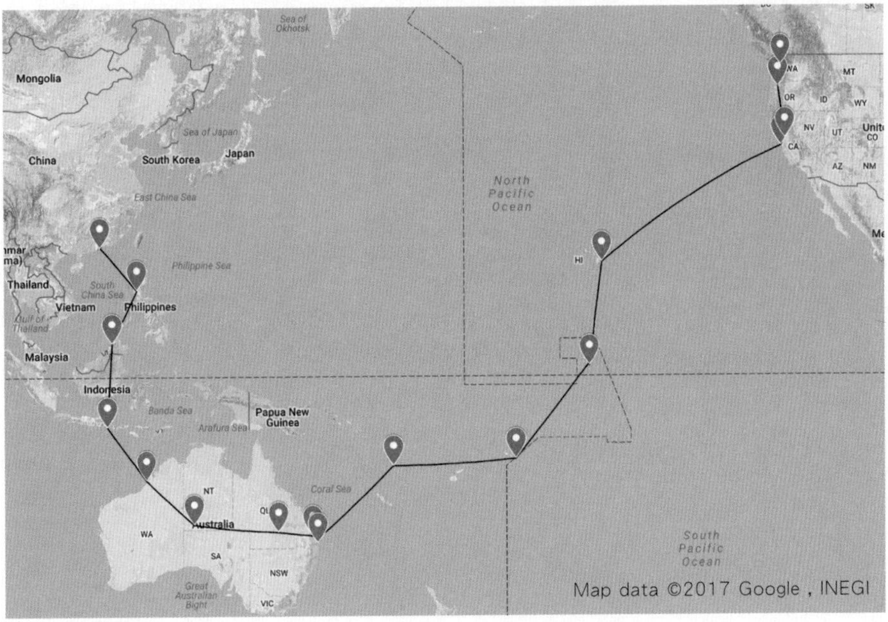

下路

「下路」將要途經較多國家，而且有一段超長的跨海航程，就是從夏威夷橫跨半個太平洋直飛加州，估計長達十七小時！

我曾經很認真地構思一條北上路線，以迴避這條從夏威夷飛往加州的長程跨海路線。我知道 Jennifer 的直升機飛行路線是「走上路」，即：香港↓台灣↓日本↓俄羅斯↓美國阿拉斯加。走這一條路線，不但能夠大幅減少跨海航程，而且中途減少了很多國家。相反，若走夏威夷的路線，便需要經過七、八個國家。所以從一開始，我就極力爭取向日本、台灣及俄羅斯等地作出申請，然而，通用航空在亞太地區始終不算普及，這幾個地區都以申請困難而聞名。

* * *

在對日本的申請中，我找了一位在國泰任職航權部門的同事幫忙處理。在那位同事的協助下，與日本的民航處進行了一連串溝通，日本人的處事確是一板一眼，不斷反問我有關飛行細節，包括飛機型號、駕駛機師資歷等等，大部分我們都能一一解答和拆解，但走到最後一步，卻碰上瓶頸。

向日本申請的最後一步，就是要透過駐日本的中國領事館，來向日本民航處提出正式的申請，然而，若要我們在這階段接觸中國官方，不知會耗費多少精力和時間，所以這項申請是完全沒有希望的了。

如果不經日本，那麼經中國飛往俄羅斯又是否可行呢？事實上，曾經跟一位內地人士聯絡：他不但在中國擁有私人機場，更開辦了小型飛機學校，甚至自行建造小型飛機，但最後都是不了了之。

若不經日本、又不經中國，直接飛往俄羅斯又是否可行呢？問題在於：一、當地沒有飛機用的電油；二、凡進入俄羅斯的飛機，都要求必須至少載有一位俄籍領航員。但因為後座會增設輔助油缸，根本沒有多餘的位置給那位領航員。因此，直飛俄羅斯也是不可能。

在路路不通的情況下，結果我只有放棄往北走的路線，而要選擇南行路線。我心底裏其實十分不想從夏威夷直飛往加州，因為我平生從未獨自飛行多於五個小時，但那一段航線估計至少要獨自飛行十七小時！這令我實在有所顧忌，也一直在找方法迴避。最後，我都必須面對現實，這段航線已經是最理想的選擇了。

高手協助規劃環球路線

由於我的飛機是手工自行裝嵌，所以進入每個國家之前，都必須預先向每個國家取得通行證。Jennifer 的書中介紹了一間中介公司，專門從事代客申請這項認證服務，這間公司也是替 Jennifer 安排飛行路線的，該公司名為「白色玫瑰航空」（White Rose Aviation）。有實例參考，我相信這家公司是可靠的，於是便發了電

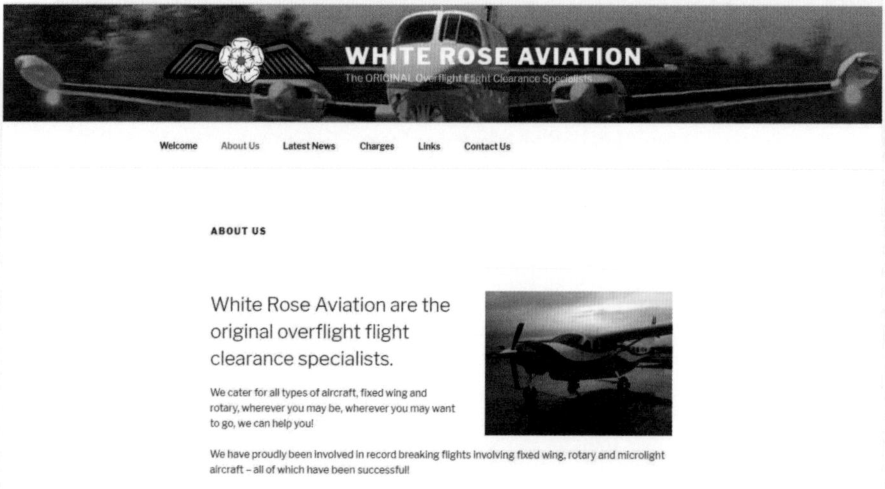

白色玫瑰航空網頁。

郵給對方。

二〇一五年十二月，我發了第一封電郵給「白色玫瑰航空」，後經進一步了解，才發現它原來是家一人公司。公司的負責人 Mike Gray 是一位英國人，他的工作方式相當傳統，做甚麼都是透過電話聯絡。我從電話中聽他的聲音，估計年齡應該頗大。

當時，我跟 Mike 說將會用一架自己手工建造的飛機作環球飛行，Mike 聽到後便用濃厚的英國腔說：「我也有幫過自家製飛機進行環球飛行，沒有甚麼問題的，只是有許多地方需要注意。」

在找到 Mike 之前，我心目中的環球飛行就是甚麼地方都可去到；然而在 Mike 出現之後，他便開始替我收窄航線範圍。我自己構思路線時，曾有許多的期望，但當 Mike 看了我之前計劃的路線後，就把行不通的地點一一剔走，例如：

「斐濟群島收得很貴，想都不要想」；

「中途島屬禁飛區，也沒有你需要的燃油」；

「雖然 Jennifer 當年可以進入這地方，但現在已經改了法例，不能夠再進入了」；

「這地方不能逗留超過三天，必須小心」；

「以色列的社會環境相當動蕩，實在不適宜前往」；

「飛挪威有困難，反而飛冰島沒有問題，路線可改為：格陵蘭↓冰島↓英國↓法國」……。

在 Mike 的指點下，我慢慢被拉回到現實當中，的確，之前的想法實在有點理想化！如今我的環球飛行計劃漸漸變得實在。

Mike 一直跟我強調：「我的服務十分可靠，從沒有失過手；不過收費也很貴，請你要有心理準備。」當我收到 Mike 的第一張發票後，果然真的被那很「貴」的收費嚇了一跳——他的收費竟然只是三位數字的美金。我看到後忍不住跟 Gary 說：「收費實在『便宜』到不得了！」直至今天，我依然未有跟 Mike 見過面，有機會面對面的話，我一定會給他來過深情的擁抱！

* * *

二〇一六年初，Mike 幫助我重新擬定好飛行路線。修改路線之後，整個行程 Mike 都可替我順利辦理。在環球飛行路線的擬定上，Mike 的最大貢獻在於兩點：

一、他指出了哪些國家可以申請到許可證，哪些國家是無法申請的；

二、他為飛機提供了完善的補給安排。

在飛行過程中，燃油及潤滑油（又稱機油）必須要預先安排。Mike 就為我指出哪些地區有 AVGAS 100LL 電油（這是一款含鉛電油，為活塞飛機引擎所專用）。有些地方，根本沒有售賣這款電油，所以必須預先訂購及運往該機場備用；亦有些地方需要提早訂油（例如聖誕島因船期問題，必須提早三個月訂購）。我與 Mike 來往的電郵中，大部分內容就是關於電油的安排，凡安排不了的點，Mike 就一一剔走。如此這般，環球飛行的航線終於出爐。

與民航處的拉鋸

由於一直跟民航處於拉鋸局面，而飛機的引擎不能長期不運作，我們只好設下最後限期——到了二〇一六年二月仍沒有結果，飛機便一定要離開香港進行試飛。

期間，Gary 曾向民航處提出幾個想法：

首先，要在香港國際機場進行試飛，面對的是「進行時間」及「升降班次」這兩個問題。前者問題在於若在繁忙時間進行，會阻礙大型客機的運作；而後者只是起降次序的問題。其次，就是研究改往石崗進行試飛的可行性。

改往石崗試飛的方案，立即就被拒絕了，原因是當地附近太多民居，怕出意外時會造成居民傷亡。

至於在香港國際機場進行試飛，因機場每晚都會封閉一條跑道進行維修，直至早上八時才重新開放，所以 Gary 便建議可以在完成維修工作之後、早上八時之前的時段，讓飛機試飛，之後就可以在機場以外的空域進行各項測試，不影響機場運作。但是，這建議民航處始終沒有同意。

後來，Gary 更一度提出去澳門機場試飛的方案。然而這安排我認為不太合理，因為作為香港自製的飛機，不在自己的家裏試，卻跑到別人家的門口試，實在說不過去。然而，民航處的官員贊成我們改去澳門試飛，原來核心的問題又是：處方高層仍然沒有表態。

* * *

在我們與民航處前線職員相處的過程中，其實都感受到他們很願意提供協助的，問題是處方高層的態度並不明確，讓他們即使再有心也好，仍然沒有辦法批准。

有一次，我在香港飛行總會的活動中竟然給我碰到當時的處長，我便立即把握機會抓住他談。當時我還有些晦氣，要他立即表態，若是不行就不行，不要拖住我們。但他口吻依舊：「放輕鬆點，我們並沒有說不行啊，而且我們已經為你的飛機開了很多次會，你也知道的，我們並沒有在拖你。但最大問題是：香港沒有法例去支持做這件事。但你不用擔心，我們已經增設了多條法例，所以是可以落實的，你再等一會就可以了。」

結果，我再等一會後，處長就退休了。

立定主意，改往澳洲試飛

由於飛機不能再等，就在二〇一六年一、二月之際跟民航處進行會議後，我和 Gary 決定若三月仍沒有結果，就得立即要走。其實本來我是希望一月就走，但因對民航處仍抱有希望，所以一拖再拖，結果又拖了兩個月。

最後，是 Geoff 的電郵讓我痛下決定，改往澳洲完成試飛。其實自從首航之後，Geoff 每兩星期便發一封電郵來，跟我說：「Hank，你的飛機正在邁向死亡中！」由於我和 Gary 已決定在當年八月開始環球飛行，所以不能再等了。於是，我們反客為主，主動向民航處說：「我們決定不在香港進行試飛了，我們會在澳洲試飛！」

* * *

僵持了那麼久，終於決定改去澳洲試飛。在此之前，我和 Gary 對民航處仍抱有期望的。Geoff 曾跟我們說：「你們何時要來我這裏試飛，我隨時都歡迎！」那時我們對這番話也沒多上心，結果，竟然真的要去到 Geoff 的老家。

目標已定，代表飛機真的要運去澳洲了。如此，就要把機翼拆下，然後再看看選擇海運或是空運，以至有沒有人能夠贊助運費。自三月中決定去澳洲進行試飛後，我們立即安排拆翼工作。同時，國泰亦表示願意贊助空運服務。未幾，確定了一班貨機可以運送，那是一款整個機頭可以揭開的 747 飛機，將會從香港飛到澳洲悉尼，抵達悉尼後，我們再安排貨車用十小時送往布里斯班市郊——亦即 Geoff 的老家。

我的飛機被拆裝成兩個大貨箱：一箱是盛載機翼，另一箱就是飛機主體及相關工具。這兩個大貨箱，由 HAECO 的人員用木工方式搭建。此外，國泰貨運的一群同事也來到幫忙，過程也十分順利。

其實在拆翼的過程中，我是感到無奈和沮喪的，因為當飛機重裝之後，是需要重新驗機的。而且這件事本身就帶點侮辱成份：作為一架飛機，為甚麼竟然不能自己飛，而要去搭另一架飛機？這真是荒謬和心痛極了。

1

2

3

1-3　小型飛機先要拆翼，再放在貨櫃裏，準備「乘搭」另一架飛機。

飛機順利送達 Geoff 的飛機庫。

＊ ＊ ＊

五月二日，飛機順利運到 Geoff 的老家，但也發生了一段小插曲。事緣當時我預計飛機最快要五月二日才抵達澳洲，所以運到布里斯班應要五月三日，我也這樣通知 Geoff。

到了五月二日，那貨櫃車司機打給 Geoff 說：「我們是送貨的，想確認你的地址。」

Geoff 跟他說清楚地址之後，便問：「你明天大概甚麼時候送到？」司機說：「明天？我已經到了你的鎮上！我只是要確認如何開到你的機場？」

在此之前，我十分擔心 Geoff 沒有辦法自行拆封那兩個巨大木箱，Geoff 則一貫萬事不怕的態度，拍心口說沒有問題，打開木箱十分簡單。然而到 Geoff 真的看到兩個貨櫃般大小的大木箱，就真的被嚇倒了。但更沒想到的是：兩個大木箱一從貨車拖下來，由於受到著地的衝擊，四面的圍板竟然自己爆開了。如此，便再沒有開箱的問題，Geoff 把飛機直接推出來就成了。

我和 Geoff 合力重裝飛機。

第一次飛澳洲：重裝機翼及改裝油缸 ——★

為了爭取時間到澳洲，我只要在值勤時連續飛多班長途機，就可以在值班之間安排一些連續六、七天的假期，趁機便可飛往澳洲。第一次前往澳洲，先在 Geoff 的飛機庫進行飛機裝篏工作。五月七日，我第一次去到 Geoff 的地頭——布里斯班。

在此之前，我擔心只得兩個人，難以完成這項工作，因為之前在 HAECO 安裝機翼時，差不多近十人參與。然而 Geoff 認為上次實在太多人了，他習慣一兩個人做事就夠。結果，在他的指導下，我倆很快就完成了機翼的裝篏。當見到它終於變回「飛機的模樣」，我的心也踏實下來。

完成機翼重裝之後，我倆隨即改裝油缸——即是要提升載油量，增強飛機的續航能力。改裝油缸分兩個階段，這一次我們先將機翼的翼尖部位改成油缸，讓兩邊的油缸容量各增加十加侖（本來兩邊油缸各得二十一加侖）。至於駕駛艙後座也將改為可以放置一個大的輔助油缸，不過會留待之後測試過載油上限才做。

整個改裝工作過程其實十分順利，只因澳洲當地小型飛機十分普及，飛機改裝亦習已為常，當地民航處早已有一套工作指引，可以按部就班地處理。只望香

飛機裝回機翼了，它可以再度振翅高飛！
AIR BOSS
GOODYEAR
Inspiration

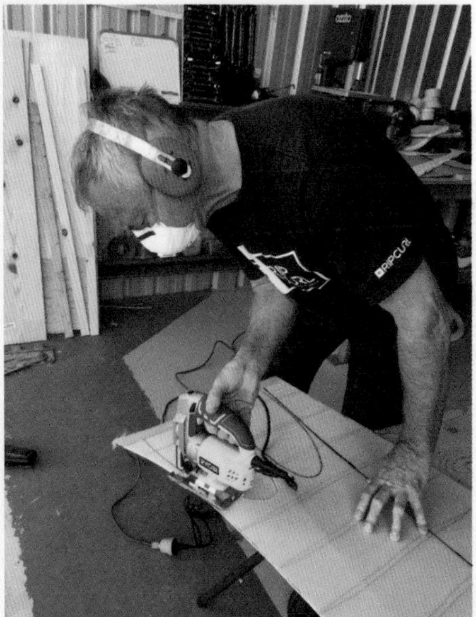

1 兩邊機翼尖的油缸，合共可載 20加侖（每邊翼尖10加侖）。

2 Geoff 一如以往的專心工作。

☆

翼尖油缸示意圖

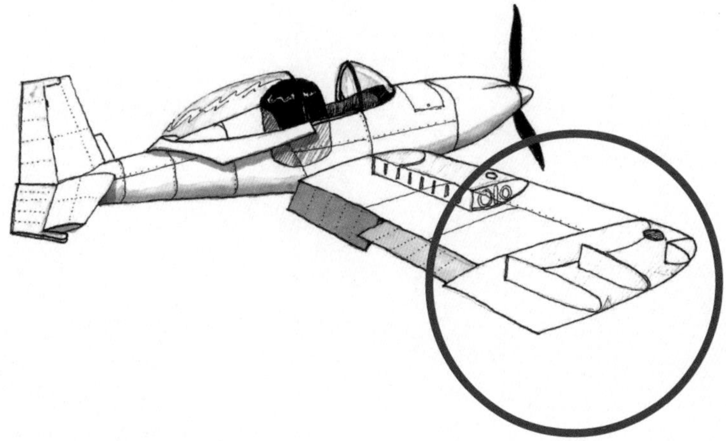

為了增強飛機的續航能力，飛機得加建油缸。我們先將兩邊翼尖改裝成油缸，容量各為十加侖。

插圖：鄭楚衡

難得一張 Geoff 吃東西的照片。

港有天也可一樣如此。

此外，澳州的油缸改裝技術，比美國更勝一籌。因為澳洲其實很少飛機的加油站，所以為求方便，當地的飛機大多數都會改裝油缸，增加容量，避免飛行中途無處加油的問題。

第二次飛澳洲：再度起飛

由於飛機在澳州進行試飛，所以必須改用澳州的飛機註冊及牌照，之前由 Gary 所簽的文件在那一刻都沒用了。按照澳洲民航的法例，飛機需要四十小時的試飛——經過四十小時的飛行測試，證明飛機性能良好，才可以取得正式的牌照。

我安排第二次前往澳洲，希望為重裝後的飛機進行試飛。但首航前，必須先向澳洲民航處取得「特別適航證」。有這張「特別適航證」，飛機才可以合法起飛。當時飛機已經作好最後準備，只等待批出「特別適航證」的電郵回覆，可是直到我離開澳洲前一天的上午，仍然不見回覆。時間，相當緊逼。

結果，在我要返香港的前一天下午，Geoff 終於收到澳洲民航處回覆的電郵，他一看內容後，竟破口大罵：「怎麼搞的！民航處竟然說不批准！」

我立時大驚：「為甚麼？」

就是因為漏了這張飛機資料鋼片的相片，差點未能取得特別適航證。

Geoff說：「他們說我們提供的文件中，漏了飛機資料鋼片（Data Plate）的相片！」

於是，我們立即補發相片，並馬上打電話給澳洲民航處，希望對方能夠幫忙。然而Geoff卻覺得我在浪費時間：「我們政府的效率哪會那麼快？現在都三時多了，他們四時半就下班，他們不可能理你的！」

但我仍然堅持打去澳洲民航處，電話接通之後，我先說明事情原委，並不斷道歉，而且告訴對方已經立即補回照片，希望獲得特別處理。我幾乎是在向對方苦苦哀求，結果，我們在他們下班的一刻——四時半，接到對方電話回覆，告訴我們已經成功辦理「特別適航證」。直至那一刻，我才鬆一口氣，至於Geoff則發呆了，因為在他眼中，如此有效率的事情，竟然發生在澳洲，這是他從未見過的。

由於收到文件時已近傍晚，我們只好在第二天一早試飛。那朝早，飛機先由Geoff進行首航，然後我才飛第二轉。試飛了這一轉之後，我便得立即趕往機場，返回香港。這是在澳洲試飛四十小時中的首航，但也僅僅是測試出「飛機能夠正常飛行，沒有嚴重問題」，對飛機的各項性能未作任何測試。

2	1
	3

1 Geoffrey 在安裝副翼。

2 Wing Wing 在幫忙檢查飛行儀器。

3 團隊成員在我第二次來到澳洲時，也一起過來幫忙。當中除 Gary 外，還有 Crystal、Sally、Wing Wing 和 Geoffrey。

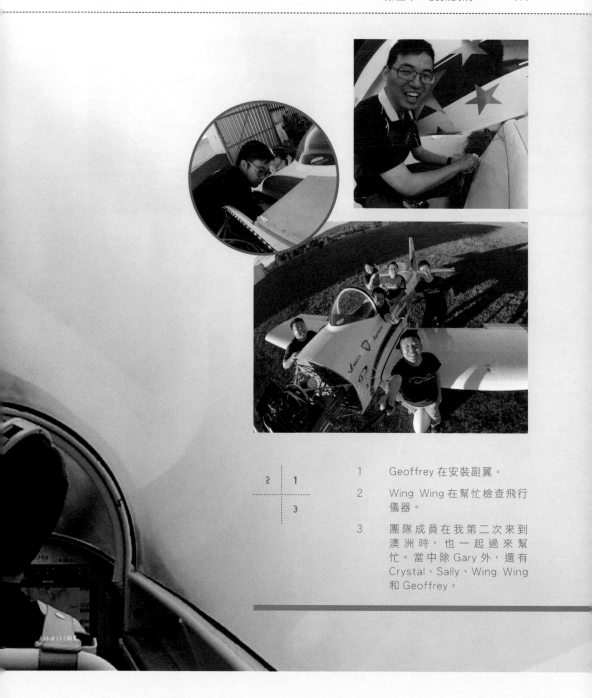

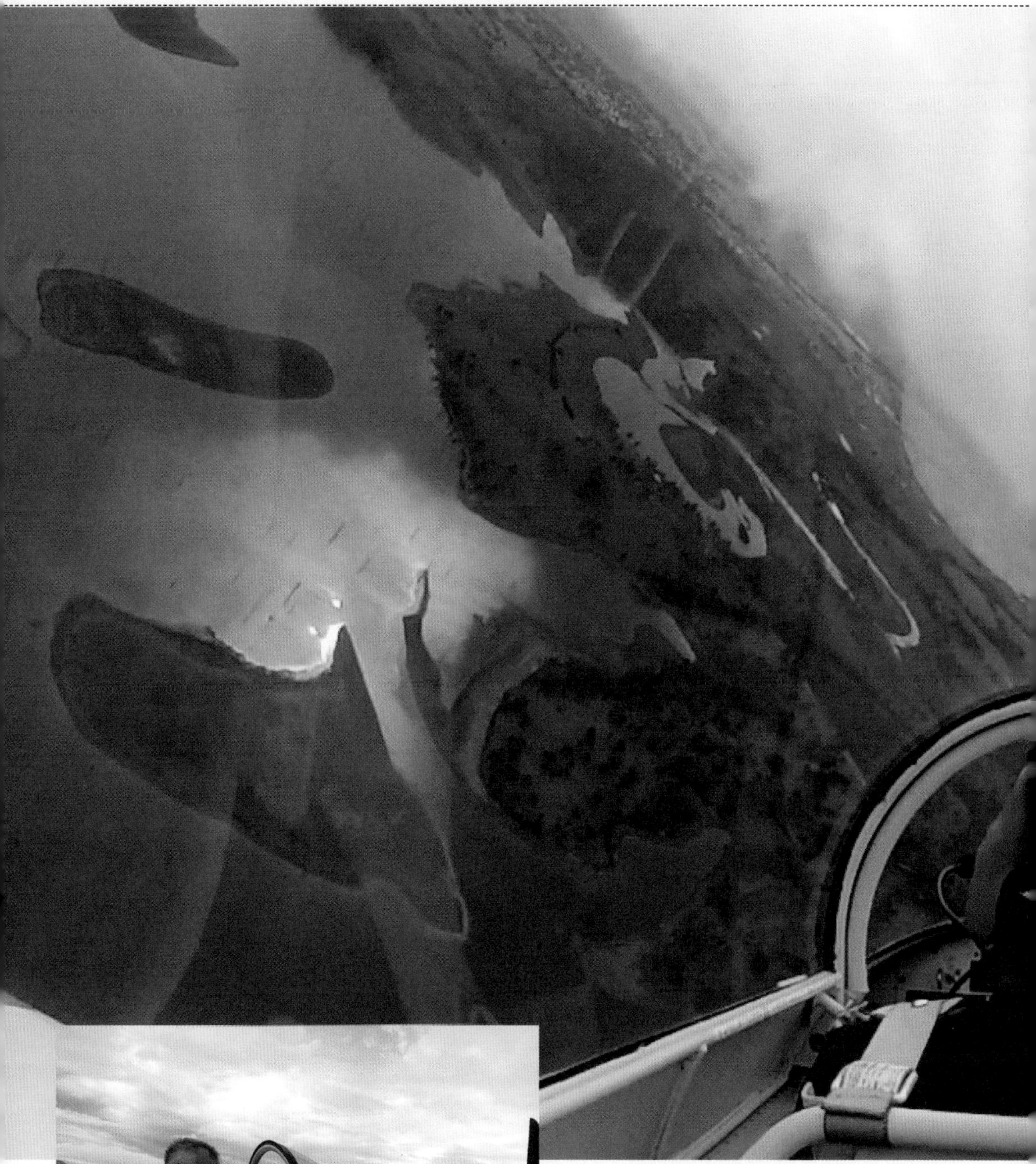

我終於再駕着這架 RV-8 衝上雲霄了。

Geoff 先進行第一轉試飛。

第三次飛澳洲：進行試飛與各項測試 ——★

在我回港之後，原定 Geoff 可每天駕駛這飛機飛一兩轉，並替飛機稍作檢查。然而當我再次來到澳洲時，Geoff 卻只能替飛機多飛了三至四小時，由於我這次在澳洲只有十一天，我要在這十一天內，完成餘下三十多個小時的試飛。

每一架飛機都有屬於自己的問題，需要逐步修正和微調的。在之前的飛行中，Geoff 發現飛機有點偏左——當放開控制桿時，如果兩邊機翼是完全平衡的話，理應會筆直地往前飛，但飛機現在卻會稍為向左轉彎。此外，Geoff 更發現當飛機加速至一百六十節時，飛機便會產生嚴重聲響。

就在我第三次來到澳洲時，便開始處理上述問題。我們首先為機翼進行微調，在右邊機翼加上八英吋長的「調整片」（Trim Tab）；結果在飛行中一放開控制桿，飛機立即大幅往右轉彎。飛機在飛了十分鐘之後降落，立即把「調整片」改短為四英吋，結果仍會往右轉彎。到最後，發現原來只要加一英吋「調整片」就已經足夠。我這次到澳洲，目標是完成四十小時的試飛。在試飛的過程中，我只在 Geoff 的私人機場的五十海哩內飛行，而且不能在民居上空飛過。

在這四十小試的試飛中，目的是了解飛機的性能，找出她的問題，然後把有問題的地方作出維修或修正。安全永遠是首要的，如在試飛過程中找出飛機有問題，我便會立即回航，把問題修正後才再繼續試飛。有時候遇上較大問題，就會用上幾天時間維修。在四十小試飛計劃中，有多項試飛項目：

首先要了解飛機的耗油量，同時需要調校飛機的儀錶。

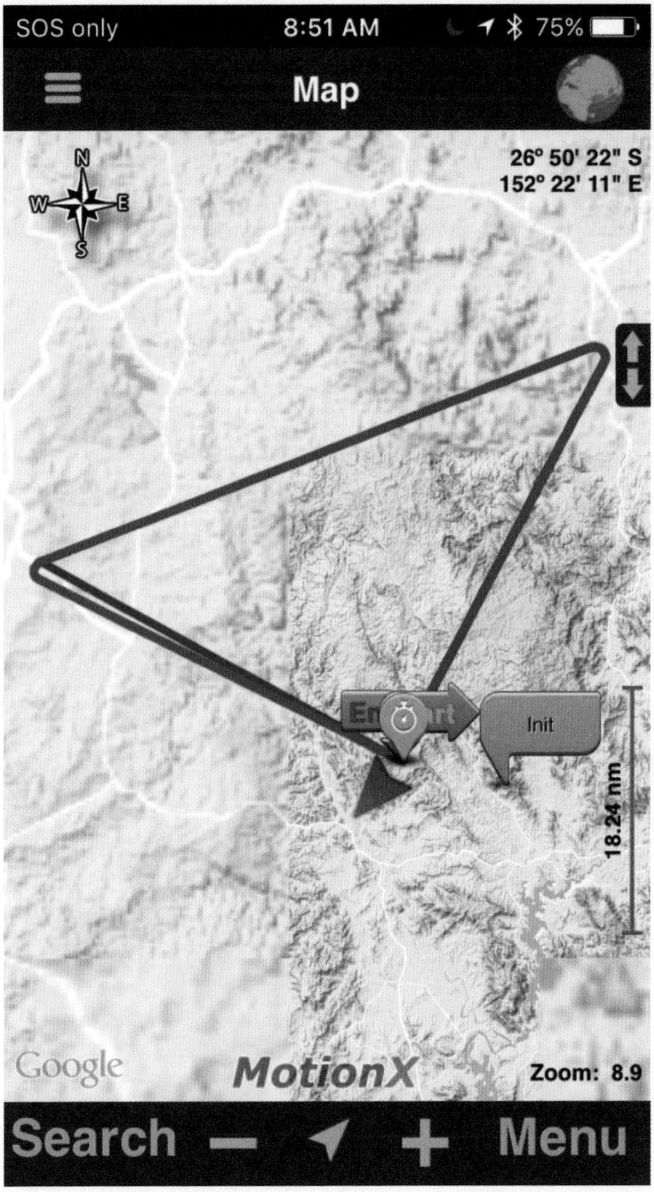

我先在地圖上劃出一個三角形的飛行航線，讓飛機依這三角形飛行，目的是確定儀錶的顯示與實際一致。

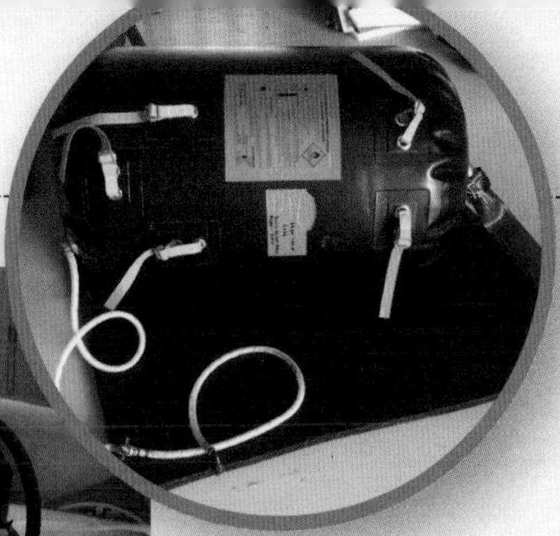

1 這個輔助油缸，最多可以盛載 66 加侖的機油。

2 輔助油缸就安裝在後座當中，所以每當需要輔助油缸供油，後座就不能坐人了。

第二步是觀察飛行的細節，例如飛機翼輪、尾輪在降落時會否震盪？飛行中會否輕微偏轉？

第三步是低速飛行測試。

第四步是高速飛行測試。

第五步是飛行高度上限測試，當飛機爬升至一萬四千英呎之後，再往上爬升的速度便會變得很慢，那就是飛機的飛行高度上限了。

第六步就是進行平衡測試。這個因為飛機經過改造之後，各油缸的燃油承載量影響飛機重心，所以在飛行中必須讓各油缸的耗油量保持平衡，萬一失去平衡，某一方過重，飛機便會失控。因此在平衡測試中，飛機需要逐點增加重量來進行測試，然後才能夠得知後座輔助油缸的載油量上限是多少，以及屆時前方需要多少的相對配重。最後，我測試出後座輔助油缸的載油上限為六十六加侖。

在測試了載油上限後，駕駛艙後座遂改造成可以放置一個大的輔助油缸，整個改裝過程，是有澳洲的飛機工程師認證的。

第七步是測試飛行性能，過程中讓飛機不斷升降，從而計算爬升的速度，以及計算滑翔飛行的距離。

在第三次來到澳洲這段期間，我要完成 40 小時的試飛。

1

2

1　每晚，我都要填寫試飛數據記錄。

2　試飛途中，帶兩個橙充飢。

籌備環球飛行：IOC 的成立

飛機改往澳洲進行試飛後，香港這邊的 Gary 及團隊眾人並沒有停下來，反而將焦點轉到環球飛行的籌備工作上。首先，他們成立了一個環球飛行的後緩隊伍——「香港起飛運作中心」（Inspiration Operation Centre，簡稱 IOC）小組。

IOC 設於「國泰城」六樓內一間會議室，是作為支援環球飛行的控制室。小組由四位經理帶領，當中三位都是團隊裏多年的中堅份子，包括謝培鈴（Crystal，兼任控制中心主管）、張均榮（Wing Wing）和葉鳴翀（Donald），至於另一位經理周敏婷（Stephane），她本身任職「營運協助主任」，工作就是為私人商務飛機提供飛行運作的服務，所以在這領域上的專業資格和經驗毋庸置疑，可說是又一個強援加入。組員方面，合共十人，由「香港青年航空協會」（HKYAA）的成員擔任。

在此之前，YAA 願意借出其旺角會址供設立 IOC 之用，事實上那裏的交通更加方便。但 Gary 與團隊眾人商量後，最後決定選擇國泰城，因為該會議室位於國泰城的六樓，萬一我在旅程中遇到事故是大家應付不來，便可立即上八樓向國泰機隊正式的運作中心求助，他們與國際上各大航空公司都有緊密連繫，可以提供強大的支援。

團隊會向 YAA 的同學進行培訓。培訓的目的是讓 YAA 的同學了解 IOC 如何運作，最初共有三十人參加，培訓的地點就在旺角的 YAA 會址。Crystal 是主持 IOC 飛行運作中心的人，由她統籌整個培訓課程，包括找來一些從事小型飛機或私人飛機服務工作的人士，向同學說明如何申請航權及為飛行員預訂酒店等。

*　*　*

由於環球飛行所需的經費絕對不少，因此當時也成立了個專門尋找贊助的小組，由王雪明（Sally）擔任主管；至於聯絡傳媒、網頁設計及 Facebook 管理也需要專人負責，於是也成立了一個宣傳小組，由鄭智禮（Ken）任主管。如此，眾人各就各位，在不同領域中發揮作用。

不同方式籌措經費——★

在籌備期間，我本想效法 Jennifer Murray 的模式，全程有另一架較大的飛機陪同飛行。這個方法的好處是，在隨行飛機上可搭載記者隨行採訪，更可容納技術人員以及飛機零件，那麼無論到了哪一個地方，飛機即使出了任何問題也能夠立即

設立於國泰城的香港起飛運作中心，
簡稱IOC，是為環球飛行的後緩隊伍。

處理。

當時我和 Gary 打算租用一架廠造的飛機。我們物色了幾款曾經完成過環球飛行的飛機，往績可靠。同時，我心目中已有隨行機師，他就是 Andrew。Andrew 在南非時，已經飛過上述其中兩款隨行飛機，而且他有途徑可用比較廉價的方式租用。Andrew 甚至已經取得報價，只差付款一步。

當時經過計算，只用 RV-8 作環球飛行的話，需要基本經費超過港幣二百萬元，加上假設在飛行途中引擎出事，需要立即補購替換，乃至飛機有甚麼問題需要緊急維修，因此，合計約需港幣三百萬元。至於隨行大飛機的租金連同環球飛行的消費，估算約港幣五百萬元，換言之，兩架飛機合計共需要港幣八百萬元經費。

* * *

要籌措八百萬元經費，絕不容易。我們的「贊助小組」當然十分努力，但過程談不上順利。在爭取贊助的過程中，我們試過接觸很多不同的機構，當中有些會要求我們提交計劃書，可是絕大部分都是不了了之。我們更試過跟一家眾籌公司合作，可是，那公司可能新成立不久，很多配套都未到位，結果，由於只籌得港幣十三萬元，原定的三十萬元目標未能達成，最終一毫子也得不到手，還浪費了很多寶貴時

唐偉邦先生

間。

當時很多朋友都很出力，卻是杯水車薪。在首航成功之後，我和 Gary 都想到了向簡栢基先生求助，之後他介紹了公司的企業事務董事（推廣）唐偉邦先生（James Tong）給我們認識。我們向他提出經費贊助的請求，他們開會後，這項目結果被歸入「企業社會責任」類別的贊助。然而，贊助金額距離我們希望的經費仍有一段距離。

幸運地，經 Gary 朋友引薦下，我們的飛行燃油獲得香港蜆殼（Shell）贊助。整個過程中他們都很積極，成為我們很大的支持——除了贊助整個航程的燃油，他們也舉辦了徵文活動，讓大家及其員工訴說自己的夢想；「香港起飛」計劃，也因為他們的關係，可以在「毛記電視」的平台出現，在宣傳方面取得很大成效。

直至那一刻，外界才開始意識到我們是真的不夠經費，於是，也多了不同公司主動接洽我們。此外，團隊也計設了許多周邊產品作零售，讓普羅大眾也可以為這件事出一分力。

為了籌措經費，我也首次接拍了一則電器廣告，當上了男主角。這不單為了金錢，也希望這廣告能為計劃帶來更多宣傳效果。原來拍一個幾分鐘的廣告，需花上數天的拍攝時間；對方十分認真，甚至派了一支十幾人的攝製隊伍跟我去了一趟澳洲，拍攝我的試飛過程。面對拍攝，過程也著實有點累，不過，看到成果和獲得外

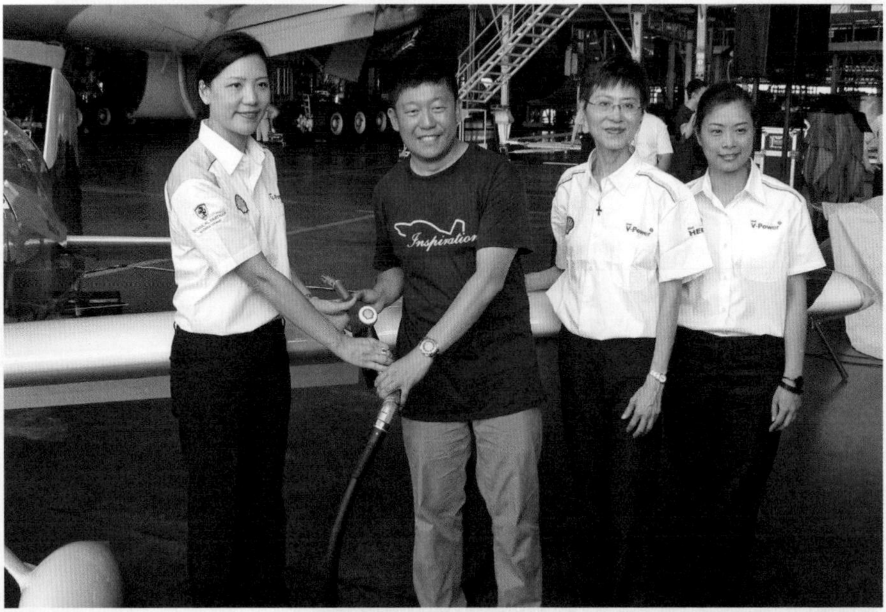

1 Shell 是團隊其中一個最大的贊助單位。

2-3 Shell 曾經為我們推出 RV-8 的飛機模型，以作義賣，籌募經費。

1

2 3

界正面的迴響，也是值得。

往後，也有其他廣告商邀請拍攝，但我始終在鏡頭前表現不自然，加上環球飛行準備的時間越來越緊逼，還是做回本份好了。

改裝飛機，準備中距離飛行測試

回說澳洲的飛機測試。

上一次我逗留了十一天，除需要完成全部四十小時的試飛，還有多項飛機性能的測試；結果，測試成績令人滿意，雖有小問題，但經調整和維修後都一一解決過來，另一方面，也證明大家多年來的工作做得十分仔細，一絲不苟，才能夠如斯順利。

對我而言，整個試飛過程其實十分好玩，期間亦學習到如何管理自己的情緒；當試出飛機有問題時，如何冷靜處理。因為飛機經過多項改裝，利用這些飛機實際測試而得到的資料，讓我寫成了一本專屬這架飛機用的飛行手冊，而這內容與標準的 RV-8 飛機已大不相同了。

Geoff 的好朋友 Stuart Summers（中），協助我們安裝高頻無線電機。

接下來，最重要的一環測試終於來了，就是駕着這架 RV-8 進行中長距離飛行。

在此之前，仍有一個項目需要改裝和測試，就是 HF（高頻無線電機）測試。這部無線電機，帶有一條長達三十英呎的天線，可利用滾筒進行收放。在長途飛行中，就要利用這部無線電機作通訊，然而，將這部無線電機安裝在 RV-8 上，卻未見其他可參考的例子，一則不知道是否會用，二則怕在飛行途中，天線會不斷拍打機身而造成損壞。

都說出門遇貴人。我在六月廿九日第四次來到澳洲，Geoff 隨即介紹了他一位朋友 Stuart Summers，他是軍方的無線電專家，本身也有一架 RV-6，在聽到我的故事後覺得很有趣，也來到協助 HF 測試。當時大家先嘗試在天線繫上鉛塊，看看能否在飛行中穩定天線，結果在試飛時，發現那鉛塊敲打機身的情況更嚴重；最後，我們找到一個雪糕筒狀的物體繫在天線上，雖然仍會有點敲打機身，但效果已好很多了。

* * *

飛機準備好進行中距離飛行了，那是飛往阿德萊德的五小時航程。在這航程中，我會真真正正測試幾個油缸及耗油量，更重要的是，會在阿德萊德的飛行學校再考取一些所需牌照。此外，我更希望親自拜會一位傳奇機師 Jon Johanson——他曾駕駛 RV-4 小型飛機作了三次環球飛行。當初正正是因為 Jon 的故事，讓我對 RV 小型飛機抱有信心。

飛往阿德萊德之前，Geoff 先替我將飛機調整妥當，並將可載六十六加侖油的輔助油缸放在後座。之後我就將飛機開往金格羅伊（Kingaroy）的加油站，準備首次用這個油缸供油給飛機，以作長程飛行。

在正式作環球飛行時，光靠機翼上的主油缸及翼尖油缸是絕對不夠的，為了增加一倍以上的載油量，必須加裝輔助油缸。所以在飛往阿德萊德的航程中，我要測試兩件事：一是輔助油缸能否有效供油？二是輔助油缸能否持續地順暢供油？

在金格羅伊，我只把後座的輔助油缸入了半滿。因這是第一次用輔助油缸，萬一有問題，輸油不成功，也不會有過重降落的情況出現。

拜會傳奇機師 Jon Johanson ——★

在飛往阿德萊德的航程中，我預計每小時耗油約五點八加侖，同時因兩地之間有時差問題，為了在日落前必須抵達，飛機必須在當天上午十一時準時離開金格羅伊。

這是飛機的第一次長途飛行。在飛行的過程中，我替飛機作了多項測試，除了測試輔助油缸、高頻無線電、通訊器材等是否運作正常，更嘗試了在機上進食及如廁等等。一開始並沒有甚麼問題，然而不久後，阿德萊德附近的雲越來越多，更漸漸形成密雲。我看到天氣並不理想，開始考慮在附近機場臨時降落。

當時其實只要我能飛過山脈就可抵達阿德萊德，但那片密雲充塞在山頂一帶，我的飛機無法穿越。由於那天的天氣實在太差，我需要在雨中不斷躲閃，繞來繞去，試了好幾次，都無法穿過山脈。直到差不多下午四時，我決定先在附近的 Waikerie 降落，逗留一晚，並順道拜會居於附近的 Jon Johanson。

Waikerie 這地方我一點也不陌生，因為昔日我在飛行學校受訓時，這個地方是一定要飛到的。降落 Waikerie 之後，我電召的士前往鎮上。那的士司機跟我說：「你真走運，再晚點就沒有的士載你了，因為今晚有可能落雹！」聽到這個消息，我的心涼了一截！很擔心落雹會把飛機弄壞。為此，那一夜我輾轉反側，睡得很不好。

第二天天還未亮，我立即趕往機場檢查飛機，幸好飛機完整無缺。隨後，我便駕駛飛機往北，前往拜會 Jon Johanson。

☆

飛機油缸示意圖

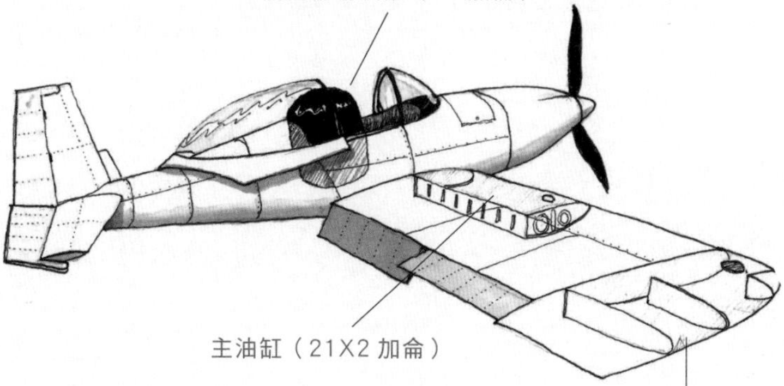

飛機的左右主油缸的最大載油量各 21 加侖（合計 42 加侖），左右翼尖油缸各 10 加侖（合計 20 加侖，會主動輸油至主油缸），後座加置的輔助油缸則為 66 加侖。換言之，全機最多可載油１２８加侖。

插圖：鄭楚衡

* * *

Jon Johanson 是一位十分傳奇的機師，他用自己建造的 RV-4 小型飛機作了三次環球飛行：一次往東飛，一次往西飛，一次往南飛（到了南極）。由於他的故事實在太傳奇，所以 RV 飛機公司把他的故事放在網站上，替自己的產品作宣傳。我在建造飛機初期，已開始跟他聯絡。這一次，我們終於能親身見面。

由於當天天氣仍然不好，我一直維持在一千呎低空飛行。飛了半小時左右，終於飛抵 Jon 所居住的地方。在機上，我先跟 Jon 取得聯絡，Jon 跟我說：「你要在機場上先低飛兩圈，把草地跑道上的袋鼠都嚇走才能降落。」於是我便按指示作低飛，我看到這兒像公園多於機場——旁邊設有桌椅、燒烤爐，而且袋鼠真的到處跳來跳去。

順利降落後，我在機場等待 Jon 到來。約十分鐘後，一位老人出現在我面前，我懷疑地問：「你就是 Jon 嗎？」對方說：「是的，我就是 Jon。」由於我的印象一直停留在網上的照片中，及至親身見面後，才發現他比相中已經老了很多。

* * *

首次進行中距離飛行。

Jon 是一個毫無架子的人，十分隨和，完全不像一個曾經環球飛行三次的人。

到了 Jon 的家中，我認識了他太太，是一位泰裔女士，此時她已經煮了一頓東方色彩的午餐來招待我。當我看到面前的餐點，心中真的很感動，因為席上竟然有米飯！我已經三星期沒吃過米飯了。

這次會面，讓我對這位傳奇人物有更深入了解。Jon 本身的職業是註冊護士，同時也是一位業餘飛機師。在他的人生中，一共自行建造過兩架小型飛機，而他用作環球飛行的飛機，更是澳洲第一架 RV 小型飛機。

他給我看了許多南極之旅時所拍的照片，那些照片是網上從來沒看過的。談到南極之旅，Jon 說了一句對我至今仍影響甚深的說話：「**與其事先問得允許，不如事後求得原諒。**」

Jon 的人生經歷亦正是如此，因為他所做的事情，之前是沒有任何人做過的，根本很難要求所有人

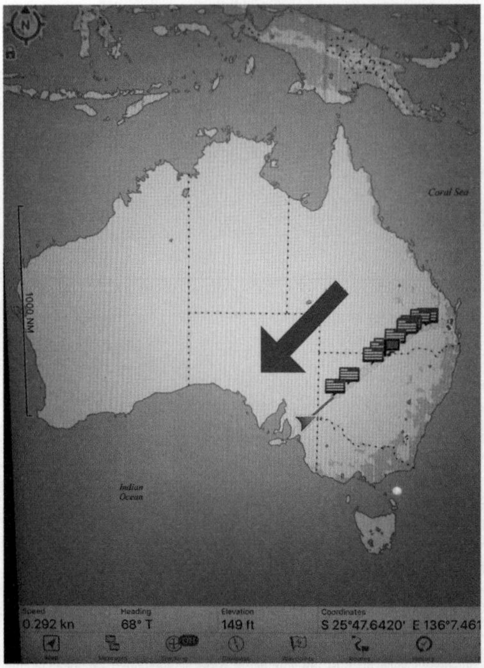

1　由金格羅伊到阿德萊德的航程。

2　雲層久久不散，無法穿過山脈，只好改道 Waikerie 降落。

明白和允許，若要其他人理解，那麼甚麼都做不成了。Jon 的南極旅程，正正是這句話的寫照。他從澳洲飛往南極之前，其實很清楚載油量不足以讓他返航；但他堅信只要能抵達南極那些科學考察站，對方一定會肯定自己所做的事情，並順利取得足夠的燃油讓自己返航。然而當他飛到南極一個美國科學實驗站後，發現由於美國並不鼓勵這種行為，所以即使有充裕的燃油，也不肯給一點 Jon。Jon 十分無奈，也很沮喪，曾打算放棄飛機，用其他方法回程，正巧，得知一位冒險家剛剛放棄南極之旅，而對方事前已經運送燃油到這個實驗站，所以當他得知 Jon 有需要時，便同意將那些燃油贈送給 Jon，讓他得以駕照自己的飛機回到澳洲。他的這次南極之旅，事後還驚動到澳美兩國的政府，變成一樁外交事件，需要兩國外交官進行交涉才得以擺平。

「與其事先問得允許，不如事後求得原諒。」正正就是如此。

另外，有一個問題困擾了我很久，此時也向 Jon 提問：「一個只能供給兩小時的氧氣瓶，如何能持續使用十五小時呢？」根據民航法例的規定，當飛機爬升至海拔一萬呎的話，便要在機上開始供應氧氣。作為一位專業醫護人員，Jon 的回答讓我茅塞頓開：「你不必一直長開啊！你只需要買一個血氧試量機，血氧偏低時才吸一吸，那就可以了。為何規定海拔一萬呎或以上就要吸氧，而海拔九千九百九十九呎就沒有需要？我們要自己去想一想啊！」

在我心目中，Jon 真的很有智慧。他讓我明白，要做一般人不做的事，就不能用一般的框架規限自己。這一天，我跟 Jon 談了很多，從他身上吸收了許多寶貴經驗，為我往後的環球飛行增添信心。

阿德萊德的考試

拜訪 Jon 之後，我再度起程，這次天氣終於好轉了，我順利飛抵自己學習飛行的母校——位於阿德萊德 Parafield 機場的飛行學校 Flight Training Adelaide（即前

1　回到 FTA，我看見自己當年的畢業照。

2　FTA 讓我的飛機停泊在他們的飛機庫。

3　我在完成考試之後，跟正在該校受訓的國泰新人見面聊天。

身為 BAE System Flight Training）。

舊地重遊，十幾年前這裏甚為荒蕪，現在，這個機場已經是一個十分繁忙的小型飛機機場。出發之前，我已向學校通報，加上公司事前已告知校方，所以我這次來到得到特別待遇，身份有如 VIP，校方也安排了飛機庫的一個位置讓我安頓飛機。

我需要利用逗留當地的兩天半時間，重新考取澳洲的飛機駕駛執照。飛機原先在香港註冊為 B-KOO，當中的 B 是指中國，K 是指香港；但飛機在運抵澳洲並重建之後，就必須在澳洲重新認證，此時已經註冊為 VH-FSX，當中的 VH 便是指澳洲。飛機師若要駕駛任何 VH 註冊的飛機，就必須要持有澳洲的飛機駕駛執照。此外，飛機駕駛執照又分成幾級：第一級是「私人駕駛員執照」（Private Pilot License），持這一級執照的飛機師，不能在夜間降落，亦不能在雲中飛行。我今次來 FTA 的目的就是要更新我的「儀器飛行等級」（Instrument Rating）。

進行環球飛行時，我將無可避免地需要在雲中飛行。由於飛機在雲中飛行時，飛機師的身體將失去平衡感，只能夠透過儀錶判斷，所以我一定要重新考取「儀器飛行等級執照」（Instrument Rating）。其實 FTA 十分繁忙，考試是需要排期的，我幸得學校特別安排，所以密集地在兩天半內進行一連串考試：一是口試，二是模擬器考試，三是實際飛行考試。

對我來說，這只是一個更新考試，並不困難。結果，我順利考取牌照。這意味着，

1

2

3

在往後的日子，即使飛機不能以香港註冊的 B-KOO 作環球飛行，但澳洲的註冊 VH-FSX 已經做好準備，而且我也完成規定的四十小時試飛——換言之，再也沒有人可以阻止我進行環球飛行了。

早在我飛往阿德萊德之前，便邀請了 HAECO 的師傅：謝 SIR（大謝）、康 SIR、基 SIR、負責 HAECO 聯絡工作的同事 Jenny，當然還有父母、妻子及子女等，專程請假來到澳洲，享受乘坐這架飛機的滋味，以及大家付出的成果。

當各人乘坐 RV-8 時，我會視乎各人的狀態而作不同形式的飛行：有些人受得起，便會作一些花式飛行；有些人則簡簡單單地飛一轉就好了。而在過程中最開心的，就是能與家人一起飛。父母給我很大鼓勵——我記得小時候雖然讀書成績不好，但他們都會送我飛機模型，乃至有關飛機的圖書，讓我追尋自己喜歡的東西。現在，我讓父母坐到自己親手建造的「1:1 比例」飛機，實在很有意義。

我的兩個孩子在飛行過程也充滿喜悅，不斷發出「哇哇」聲，十分開心。這真是相當美滿的經歷。我讓每人輪流飛半小時，光這一段行程，就已經花了兩天時間。這次行程短短四天，目的就是來支持和希望與「B-KOO」一同自由翱翔天際。旅程中大家都很開心。

＊　＊　＊

我的父母對小型飛機的印象其實一向都不好，因為十幾年前，我在阿德萊德畢業時，曾經載父母作了一次飛行，然而他們卻埋怨：「飛機不是應該有空調的嗎？怎麼這架飛機又熱又吵？」當時我的父親更在機上脱到只剩底衫。不過這次的飛行

家人專程來到澳洲，一嚐乘坐這架飛機的滋味。

我讓每人輪流飛上天空半小時，大家都顯得很興奮。

不一樣了：透過飛機的玻璃罩，他們可以作一百八十度觀景，感覺比之前好得多。在作了這次飛行之旅後，大家對我環球飛行的信心更大了。

＊　＊　＊

家人、HAECO的師傅們等人離開後，剩下我多留十天，為回港作準備。我如何回港？當然是駕駛我這架RV-8小型飛機了！早在決定搬來澳洲進行試飛時，我已立下決心：「這架飛機不會再被拆機翼的了！」從澳州飛返香港，中間大概要停七八個站，預計整段航程需時一星期。更具意義的是，這將會是我首次駕着小型飛機跨海飛行。

七月十六日，我在昆士蘭為飛機作了最後的測試。完成測試之後，我便買好了一切的緊急用品，例如救生衣、救生艇等等。

七月十七日，我正式啟程，駕着這架RV-8，返回我熟悉的家園。

第六章：返程香港，準備起飛

我駕駛 RV-8 從澳洲回港，是對 IOC 首次正式運作的測試。這次測試，也成了彼此磨合的機會，當中，很多意料不到的事情發生了。

飛行員與 IOC 的磨合——

其實究竟何時啟程回港，我和 IOC 未有商定一個確切時間，只共識是七月十七日。到了當日，昆士蘭一帶的天氣很差，這令我十分擔心，所以當見到天氣情況許可，立即把握機會起飛。然而，我沒考慮到 IOC 方面的配合——當時他們根本沒有人在中心。當他們知道我開始返航，各人立即從各處趕回去。幸好當時 Gary 有手提電腦隨身，立即監測着到我的飛機位置，好讓其他人有空間可以趕回去處理。

這次「驚人之舉」，也讓我有所反省：平日工作，只知道自己該如何去做，甚少關心其他崗位是如何做事的。經過這次的倉促起飛，我終發現作為飛行員如果不按流程去做，IOC 就會措手不及；反過來，IOC 的團隊也明白到，飛機若遭遇天氣問題，將有可能導致行程延誤，對於我的見機行事，也開始懂得體諒。

起初，IOC 團隊經常怪責我不即時報告起飛時間。然而站在飛行員的角度看，當只有一個人駕駛小型飛機起飛之際，雙手正忙碌地進行各種操作，還哪裏有空間作報告？所以只能事後報告。為了解決這個問題，我與 IOC 作了一個折衷方案：事先擬定起飛時間，如同大型客機的班次編排一樣。此後，彼此的配合便改善多了。

澳洲境內的航程——★

由於七月十七日昆士蘭的天氣不好，我決定先將飛機開到金格羅伊（Kingaroy）加油；加完油後，我趁天氣還未轉壞，便報告 IOC 會在金格羅伊直接起程——就是此舉讓 IOC 大為緊張。

飛返香港的行程計劃，本來以愛麗斯泉（Alice Springs）為第一站，再往西飛至布魯姆（Broome）出境離開澳洲，然後經印尼的峇里島、馬來西亞的沙巴、菲律賓的克拉克而回到香港。若將這一段路線逆轉過來，就是日後環球飛行的出發路線了。可以說，這次返航就是環球飛行的預習。

然而在這次航行中，正因先去了金格羅伊入油，多花了一小時才出發；而當天目的地愛麗斯泉的天氣亦不佳，加上法例規定飛機必須在日落前降落，所以我決定轉航至伯茲維爾（Birdsville）。

伯茲維爾是一個冒險家雲集的地方，大家來到此地，都是準備去澳州中部的沙漠地帶遊覽的。當我在七月十八日再次起飛，離開伯茲維爾機場之後，先以目視飛行將飛機爬升至海拔八千呎；飛了一會，忽然想到不如到附近十分著名的 Big Red

回程香港的路線圖

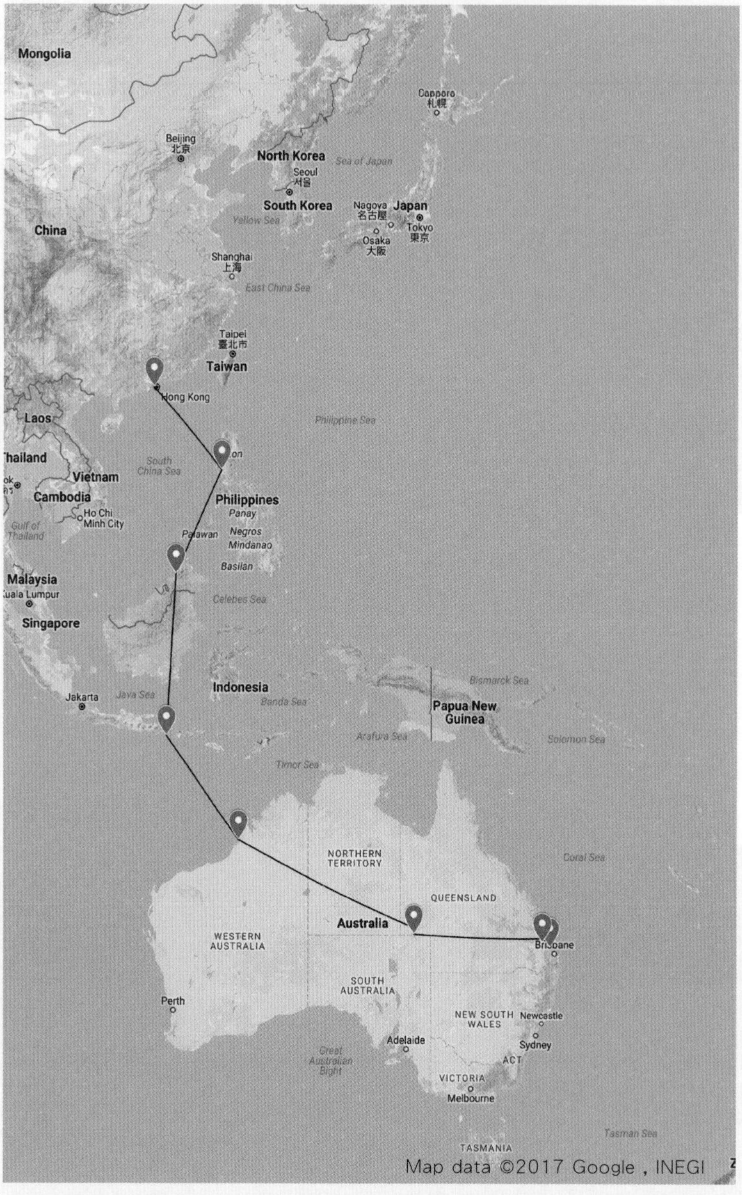

因愛麗斯泉天氣不佳，是以出發後第一站改為伯茲維爾（Birdsville），再往西飛至布魯姆（Broome）出境離開澳洲，然後經印尼的峇里島、馬來西亞的沙巴、菲律賓的克拉克而回到香港。

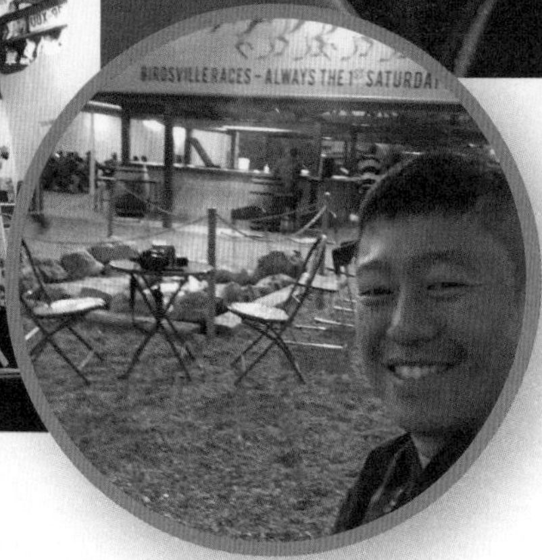

3 1
2

1-3 伯茲維爾是很多冒險家聚首的地方。

Dune 沙丘看看，於是便急降至海拔五百呎，並作了幾趟低飛。正當我在欣賞美景之際，IOC 突然發來訊息，問我到底發生甚麼事。當 IOC 得知我是即興的舉動，立即罵了我一頓：「我們只見你的飛機從八千呎掉到五百呎，看來就像墜機一樣，害我們擔心到不得了，原來只是為了去拍照！」我只有不斷道歉——和 IOC 的磨合，的確還有很多地方要留意……。

我飛了將近七小時後，終於抵達布魯姆。我的一位朋友 Adrian Beckett 正好在布魯姆經營酒店，因此得到對方贊助一晚住宿。布魯姆是離開澳洲前的最後一站，接下來，就要進入跨海航程了。

首次跨海航程

在跨海航程之前，我最重要的工作就是跟 Mike 協調。雖然澳洲沿海很多城鎮都設有機場，看似有

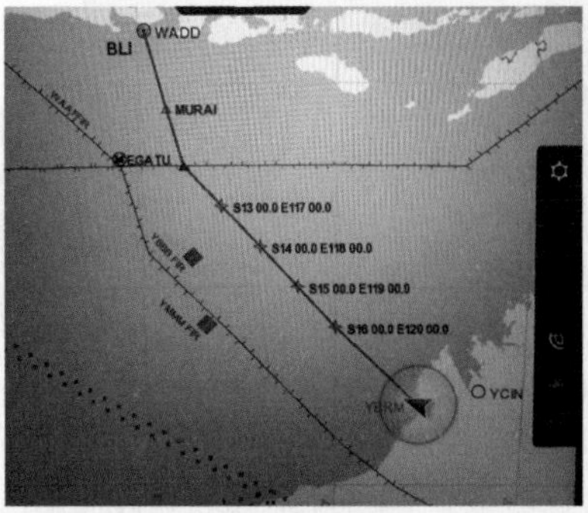

經過三次「不可以」後，終於在晚上凌晨兩點通過由澳洲到印尼峇里島的飛行路線。

許多選擇；但原來並非每一個都是國際機場，即並非每一個機場都設有海關及入境處，辦理出境手續的。

由於下一站印尼的燃油費相當昂貴，而澳洲卻十分便宜，所以在離境前一天，我已經先替飛機加滿了油。在起程的前一晚，我先要向澳洲民航局申請航線。在「航空地圖」上有所謂的「航點」（Waypoint），所有航線必須經由一個個的航點串連起來，而飛行過程中每小時都要向空管回報位置，到達每一個航點上也需要報到，否則，萬一飛機在海中遇難，誰會知道你在哪個位置？這工作對我而言，十分陌生，因為在航空公司裏，都是由專責部門處理這飛行航線計劃，機師只需要按計劃飛行即可，從來不必自己設計的。當我用電腦發出申請後，過了約三十分鐘，澳洲民航局便回覆「不可以」，因為，我所設定的航線，就是一條直線從布魯姆飛往峇里島，沒經過任何一個航點！當晚，我便一直在忙這件事。

＊　＊　＊

在布魯姆，飛機經當地一位海關人員檢查，並替我的文件蓋了印章後，終於可以離境了。縱然我對國際線的飛行早已駕輕就熟，然而，這次卻是首度駕駛小型飛機作跨海飛行，心中難免有點害怕——因為在飛機抵達峇里之前，將沒有任何一刻看得見

1

2

4 3

1 離開澳洲布魯姆前，先自拍一張。

2 起飛離開布魯姆。

3 油袋上放了救生用品及橡皮艇，以備不時之需。

4 離開澳洲，第一次跨海飛行。

陸地，對飛機而言，無論是深海抑或近岸，都是沒有辦法降落的。只要離開陸地，飛機一旦墜落便一定是墮海了，近岸或不近岸的分別，只是救援快或慢而已。

起初我以為這段跨海航程沒有甚麼事情做，會有點無聊，但就是因為心裏感到害怕，一直戰戰兢兢，精神高度集中。當我回過神來，已看到峇里島了。

當地的天氣良好，平日我駕駛大型客機時，在這機場很快就能降落，然而這次卻要稍作等待，因為大型客機在飛過之後，空中會殘留一些氣流旋渦，小型飛機是承受不了的，所以在上一架飛機降落後，我要再等三數分鐘才能降落。當我在峇里的機場成功降落後，Gary 及公司攝影師 Karen Yung 等早已候駕多時了。

當晚稍作休息，第二天趁天亮之際，便駕駛飛機離開峇里島，飛往這次航程中天氣最差的一站——馬來西亞的沙巴。

在這一程，我如常的使用高頻無線電，然而當我想放那條天線出去時，卻不知被甚麼卡住了，天線一直放不出來。我立即啟動自動導航，然後轉身去處理它，我使用了各種不同方法，從最溫柔到最粗暴的，終於把天線送了出去。

在飛往沙巴的航程上，我被那些密雲擋住去路，根本無法穿過。由於我的飛機並沒有安裝天氣雷達，加上這架小型飛機的設計並不適合進入雲層，萬一遇到雷雨便會很危險，所以我只好回頭飛，然後再繞道過去。結果，飛了很久，我才抵達沙巴，降落時已經差不多天黑了！港龍的同事立即趕到停機坪來接應。安頓

1 完成跨海航行，抵達峇里島的機場，Gary 上前迎接我。

2 公司同事也都來到歡迎我。

3 Gary 替飛機用人手油泵入油。

1

2

3

好飛機後，我也立即把高頻無線電天線上的鉛塊剪掉，並再作修理，之後再用時便一切正常了。經過這趟旅程，我與飛機好像有了更深入的了解，慢慢了解「她」的性格。

馬不停蹄。第二天，我就啟程飛往下一站：菲律賓的克拉克。這幾天附近一帶的天氣一直不好，途中遇上了傾盤大雨，雨勢之大，可以用誇張來形容。飛行之際，我一邊擔心飛機會滲水，一邊擔心打雷時會劈中飛機。有驚無險地，我終於降落克拉克機場。Gary 也在機場接機。

返抵香港

在克拉克過了一夜後，終於來到返抵香港的最後一程了。起初以為這會是最容易的一程，然而，這段航程竟差點無法成行——原因是香港國際機場的清關問題：怕我利用飛機走私違禁品。其實對於這問題，我在數個月前跟 Gary 已經與機管局商討過，並得到負責職員回應説沒有問題；問題是，剛巧那位官員放假，他的下屬不知袖裏，所以才會出現問題。七月二十三日，當

2 1

1　巨大的雷雨雲，佈滿在峇里和沙巴之間。看起來美麗的雲，裏面充滿着小型飛機承受不了的氣流，冰雹、雨水和雷電，萬萬不可進入。

2　到達沙巴後，天色已暗，港龍的同事來接應我。

我在香港國際機場降落後，甫下機旋即被超過十五位職員「招呼」，原因是我並未清關，所以必須由那些職員帶我至機場客運大樓辦理入境手續，看到如斯大陣仗，我只是一臉茫然。當時，辦理入境手續的職員連我是「乘客」或是「機組人員」都難以定義，花了足足半小時才完成手續。之後，我便從入境大堂出來，再有人接我回到飛機處，並以HAECO工作人員的身份，把飛機開回飛機庫。

此時此際，我的心情相當興奮。一方面固然是因為駕着RV-8順利回家，另一方面飛機也十分「健康」——當飛機返抵香港後，已累積了一百〇二小時的飛行時數，其間證明飛機性能良好，沒有甚麼問題。

在這次返航中，因為我和Gary都想飛機能盡早返抵香港，所以行程上並沒有安排任何空閒時間，總之一天亮就立即起飛，馬不停蹄。但經過這幾天的緊逼航程，我發現體力幾乎完全透支，這樣不斷地趕路，沒有任何休息是不行的。吸收了這次經驗，我決定之後在環球飛行中，在各個停留點都必須預留一兩天作休息。

香港航空
HONGKONG AIRLINES
Buses &
Coaches
巴士及旅遊車

1

2

1 降落一刻，團隊成員立即興奮上前，跟我合照。

2 團隊成員將飛機推回 HAECO 的飛機庫。

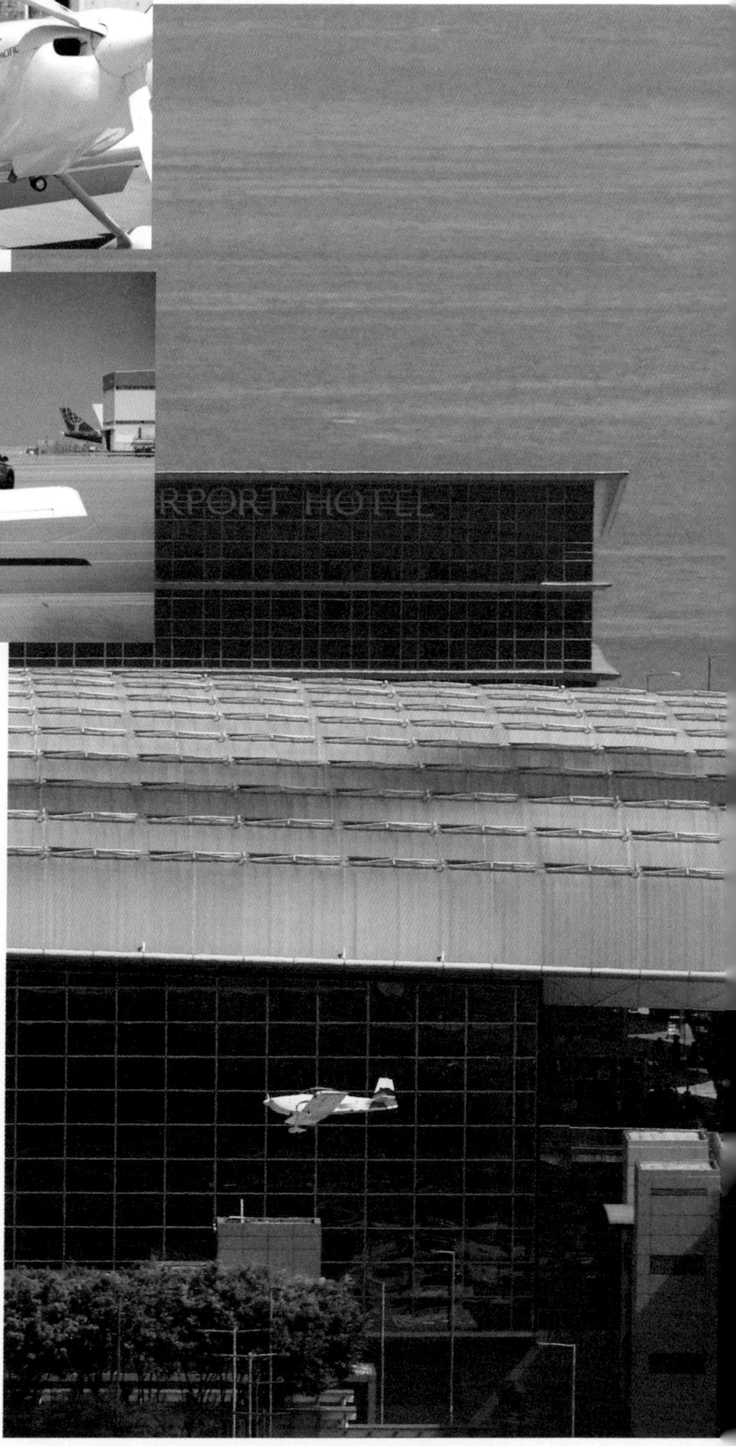

終於，我駕着 RV-8，重回香港！

註冊名稱

臨近八月，距離計劃多時、預備出發展開環球飛行的日子越來越近，但我們仍有兩大難題急需解決。首先，是飛機能否用回香港註冊的 B-KOO 名稱起飛？抑或只可以用澳洲註冊的 VH-FSX 名義起飛？因為當我駕駛那架 RV-8 返港，其實是駕駛一架「澳洲飛機」抵港，而不是一架「香港飛機」回港。隨着環球飛行的航程安排逼在眉睫，Mike 要求我盡快決定用哪一個註冊去申請。

為此，Gary 及團隊各人在我抵港後，立即召開會議討論。由於飛機在香港時，翼尖油缸及輔助油缸都未加建，為此得要再與民航處官員交涉。當時 Gary 一度掙扎是否堅持轉回 B-KOO，因為這代表先要放棄飛機之前的 VH-FSX 註冊，才能申請新的註冊。然而民航處有可能因為飛機增加了油缸而要求再作試飛，若真的如此，環球飛行便完蛋了。

但在我來說，註冊 B-KOO 卻有特殊意義。VH-FSX 代表的始終是一架澳洲飛機，澳洲飛機作環球飛行並不是新鮮事；但 B-KOO 則代表一架香港飛機，香港飛機作環球飛行就是一件前所未有的事了。

一想到要與民航處交涉，我們的頭都痛了。沒料到，事情發展竟是水到渠成。

首先，二〇一六年五月，新處長上場，他們的態度比起之前有了大幅變化，問題幾

在飛機返港後，民航處重發飛機的特許飛行證，並重獲香港註冊，換言之，終於可以用回 B-KOO 的名字了。

乎都可以迅速解決。昔日我和 Gary 用了三年半時間求見處長一面，但始終不得要領；現在我們再次求見處長時，新任處長立即應允，並在一星期之內，讓飛機順利轉回 B-KOO 的註冊。新任處長態度積極，對我們的計劃十分支持，這個，可能也與我們在澳洲已經取得牌照，以及飛機已累積了超過一百小時的飛行經驗有關，這的確為民航處大大減輕了壓力。

回想過來，當初我們一直爭取要在香港完成試飛，但可以想像到，若在本地試飛，那麼每次起飛定必需要通過很多批核。相反，在澳洲的話，自由度很大，基本上我們要飛就飛，結果，也能夠略帶奇蹟地，在短短兩個月時間就完成試飛和各項測試，這只能說是「塞翁失馬，焉知非福」。

飛機順利轉回 B-KOO 的註冊。這一刻，我和 Gary 終於放下心頭大石，並將訊息發給 Mike，請他立即幫忙辦理航程的申請。

最後一刻
才籌得足夠經費

另一個難題，就是籌集經費了。

我們的團隊為了籌集經費，早已設計了許多紀念品在網上售賣，雖然賺得的錢不算多，但我覺得意義重大，因為有機會讓更多人參與其中。團隊成員為此也

在公司的一角，放置了各式各樣的紀念品作籌款。

很興奮，感覺像搞年宵生意。另外，國泰更允許我們在公司內設攤位三天賣物籌款，也有不少同事購買；而攤位上也放了一本簿，給大家簽名及留言鼓勵。當看到一些同事把那些紀念品掛在袋上，我實在十分感激他們的支持。

儘管國泰已成為我們最大的贊助和支持單位，但我發現環球飛行的經費仍不足夠。然而那時已經是二〇一六年七月底了，距離飛機八月起程的時間，只剩不足一個月。Gary 十分擔心，而我抱有心理準備，必要時自己找方法先墊付出來。

我返抵香港數天後，Gary 便在七月廿八日召開記者招待會，一方面公佈我們的環球飛行之旅將定於八月廿八日展開；另一方面，也向公眾表明我們的團隊仍然欠缺足夠經費。事情真是峰迴路轉，過了兩三天，地產商嘉華的代表竟主動聯絡上 Gary，並願意提供一筆高額贊助。據說是因為該公司的大老闆在電視上看到我們的故事，覺得十分感動，所以願意提供贊助，贊助的條件是：我們在環球飛行時要替他們拍攝一輯飛行影片，以作廣告之用。我們當然二話不說，立刻答允。

八月中，籌款計劃完成——環球飛行終於籌足三百萬元的經費了。至於原先構思的隨行大飛機，由於經費不足，毫無懸念下決定放棄。而且只用一架飛機作環球飛行，也把整個旅程簡化了。

一切看似準備就緒。

Inspiration
Round-the-World
Journey
2016

七月廿八日的記者招待會，我們簡佈了環球飛行路線。

環球飛行的最後準備 ——★

Gary從八月一日開始停薪留職，為環球飛行作準備；我也開始放假——當中有部分假期薪金由公司贊助。但直到出發之前，仍有很多事情有待安排，仍有很多細節有待研究：IOC還沒安頓好，大家的崗位未定好，飛機的註冊當時也未轉好……太多事情令我們心煩。

我感覺即將要離開家人很久，所以這段時間十分珍惜與家人的相處。儘管許多

1
2

1-2 最後一刻，我們獲得嘉華的贊助，終於，環球飛行的經費籌募成功。

朋友想約我聚餐送行，但都一一婉拒了，寧願多些時間留在家中。每隔一兩天，我便回到機庫檢查飛機，並看看還有甚麼需要準備。這段期間，我每天重複看飛行計劃，務求減少錯漏。不像民航機有完善的程序和步驟，自家製飛機的所有程序都是自己編寫的。所以要不停模擬演習，確保這些程序沒有錯誤。另外，我也要張羅和學習使用求生用品（包括：橡皮艇、救生衣、急救包、求生訊號器、衛星電話等）和逃生程序（如墮海時應怎樣逃生），至於條例規定一萬呎以上高空要吸氧器的氧器儀亦要花時間準備。每天，我都在執拾行李，並不斷秤行李的重量，如果行李超重，便要重新再收拾。這是因為行李只可帶不多過九磅，撇除相機、鏡頭、食物、平板電腦等用品，結果我只可帶兩件T恤，到了每一個站都要自己洗衫……。此外，我每天都留意天氣，甚至留意好幾站之後的天氣。儘管明知看十幾天之後的天氣預告是不會準確的，但我就是想看。回想在起飛前的那十數天，其實做了很多事情，但事後也不知道忙過甚麼，時間一下子就過了。

* * *

八月廿七日晚至廿八日清晨，香港一直處於紅色暴雨警告，我很擔心無法起程，因為即使停了雨，也未必適合起飛，很有可能要延遲。那天吃了晚飯後，也沒有甚

「香港起飛」的應急設備

飛行用氧氣樽

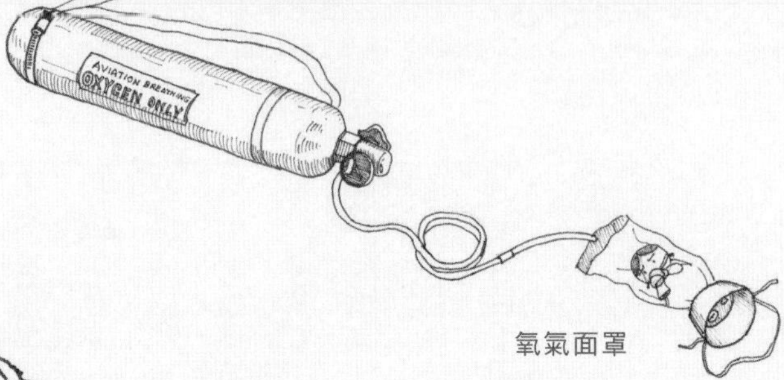

氧氣面罩

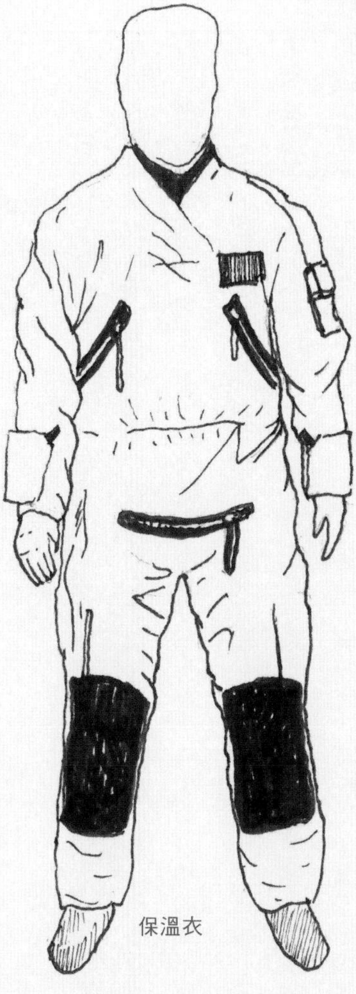

保溫衣

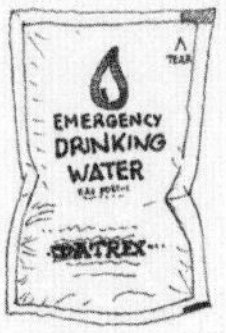

（緊急用）水

海水除鹽器

求生手冊

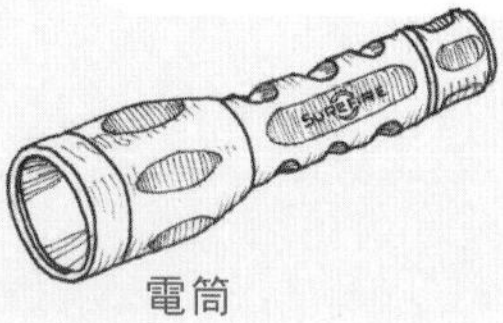

電筒

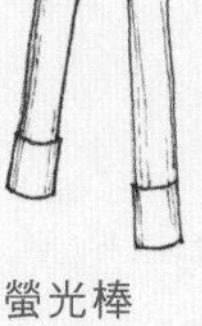

螢光棒

救生艇 x 2

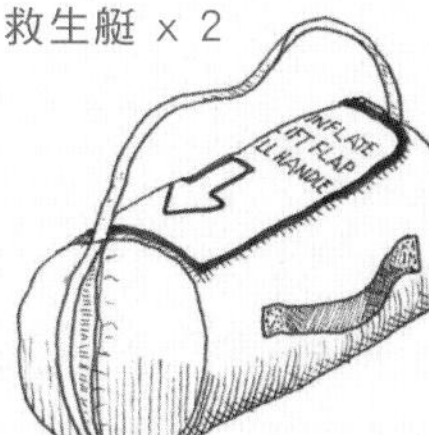

急救包＋藥

衛星電話

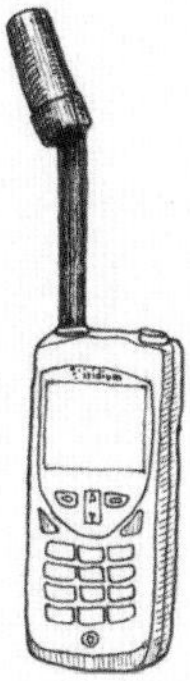

萬用刀

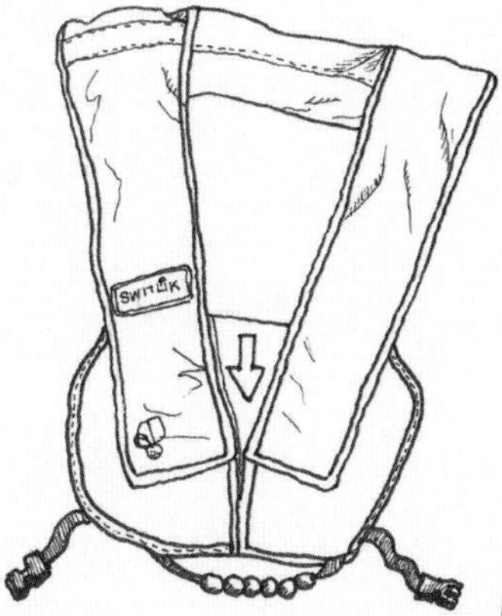

救生衣

求救信號鏡

衛星短信及定位
（用於與 IOC 收／發短信）

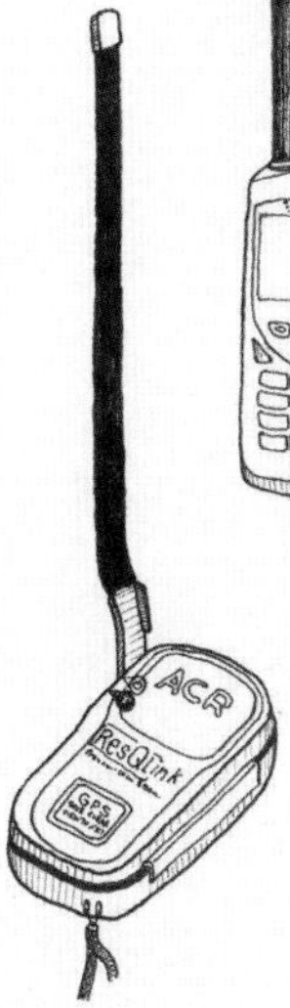

衛星定位求生信號發射器
（內置求救閃燈）

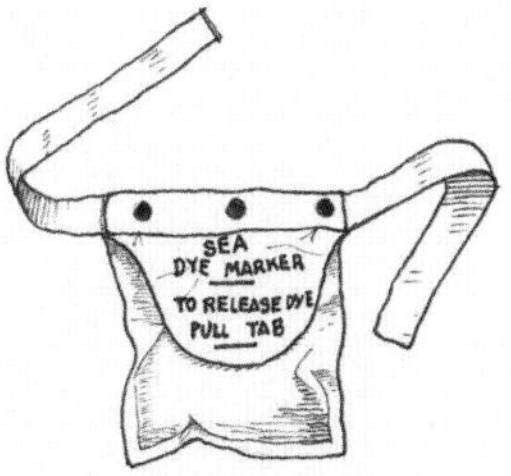

求救海水染色物

刀（用作鎅斷安全帶）

插圖：鄭楚衡

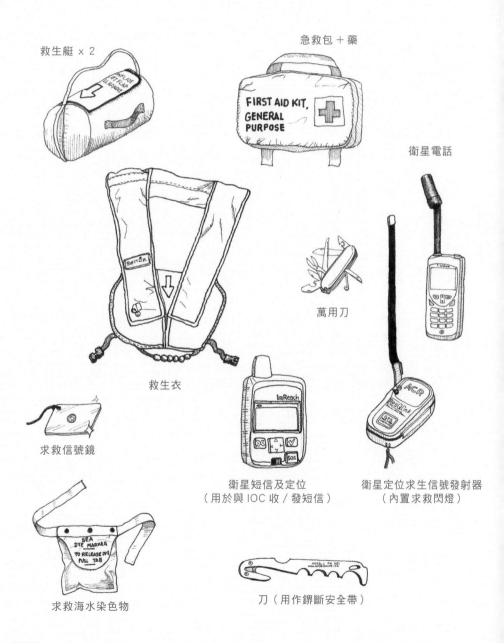

麼心情睡覺。勉強睡到三時多，便起床去機場準備起飛了，家人則晚一點才出發。到了機場之後，我反而感到安心，因為看到身邊有很多人，正默默替我做了許多事，那刻我只需專心檢查飛機。

當天的天氣真的很差：能見度低，風也很大，當天出發絕不理想。當然，並不是不能飛，但與「天朗氣清」真的是兩回事。此外，目的地菲律賓那邊的天氣也很差，看到航程中有一大片雷雨，從圖象中顏色可見，雷雨級別在紅與黑之間，換言之是不可能直飛過去，必須繞道。

環球飛行——★

八月廿八日，天陰。等待多年的環球飛行之旅，正式展開。

這天，我和 Gary 都穿上了公司制服，穿上制服的原因，是某些國家入境時，須以我們的制服與職員證上的照片作核實。

當天原定出席送行的觀禮嘉賓，有各贊助商的代表、團隊成員和家人。在起飛前兩三天，時任特首梁振英先生也決定出席起飛儀式。正因為他會到場，令保安規格的要求突然提高至最高級別。當天梁特首到來除了觀禮，也發表了簡短講話，當中更提到興建機場第三跑道的重要性。

由於天氣一直欠佳，起飛時間一直拖延，讓大家（包括特首）等了超過半小時。相關官員也一直在催促我們盡快起飛。最後，確定天氣可以了，就決定出發。

這次我們獲得商用航空中心（HKBAC）的贊助，為我們提供了過關服務。這服務價值不菲，我們如同 VIP 一樣，手續暢順之餘，更接送我們直達飛機所在的位置。

到了登機的一刻，我和 Gary 仍為起飛前改造忙碌準備，家人都跟我們來到飛機旁邊送別，當時我的父母妻兒全部到來為我送行，女兒也表現得十分興奮，我的母親亦感動流淚；Gary 的家人也有一起送行。

正式啟動飛機後，我把飛機滑行到嘉賓面前，然後我和 Gary 大聲喊：「拜拜！」之後就蓋好駕駛艙。我們坐好後，隨即起動飛機。飛機滑行片刻後，就離開跑道了。

直至飛機離開地面，我們才終於感到：

「一切成真了！」

香港起飛團隊成員在環球飛行之前作最後準備。

上　團隊成員為我們將飛機推至停機坪。

下　我和 Gary 集中精神為飛機作檢查。

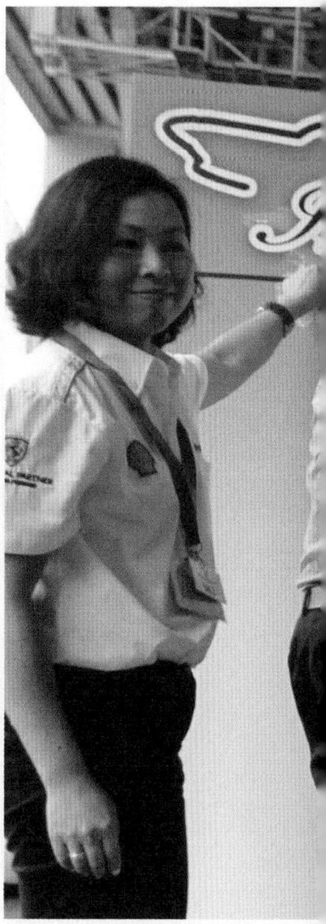

NCA

034

CREW
CATHAY PACIFIC
EXPERIMENTAL

HAECO
CATHAY PACIFIC
DYNON AVIONICS
JEPPESEN
OREGON AERO
ARBUTUS
New York
HOOKER HARNESS
嘉華國際
K WAH INTERNATIONAL

HAECO

HAECO

拜拜 ~
EXPERIMENTAL

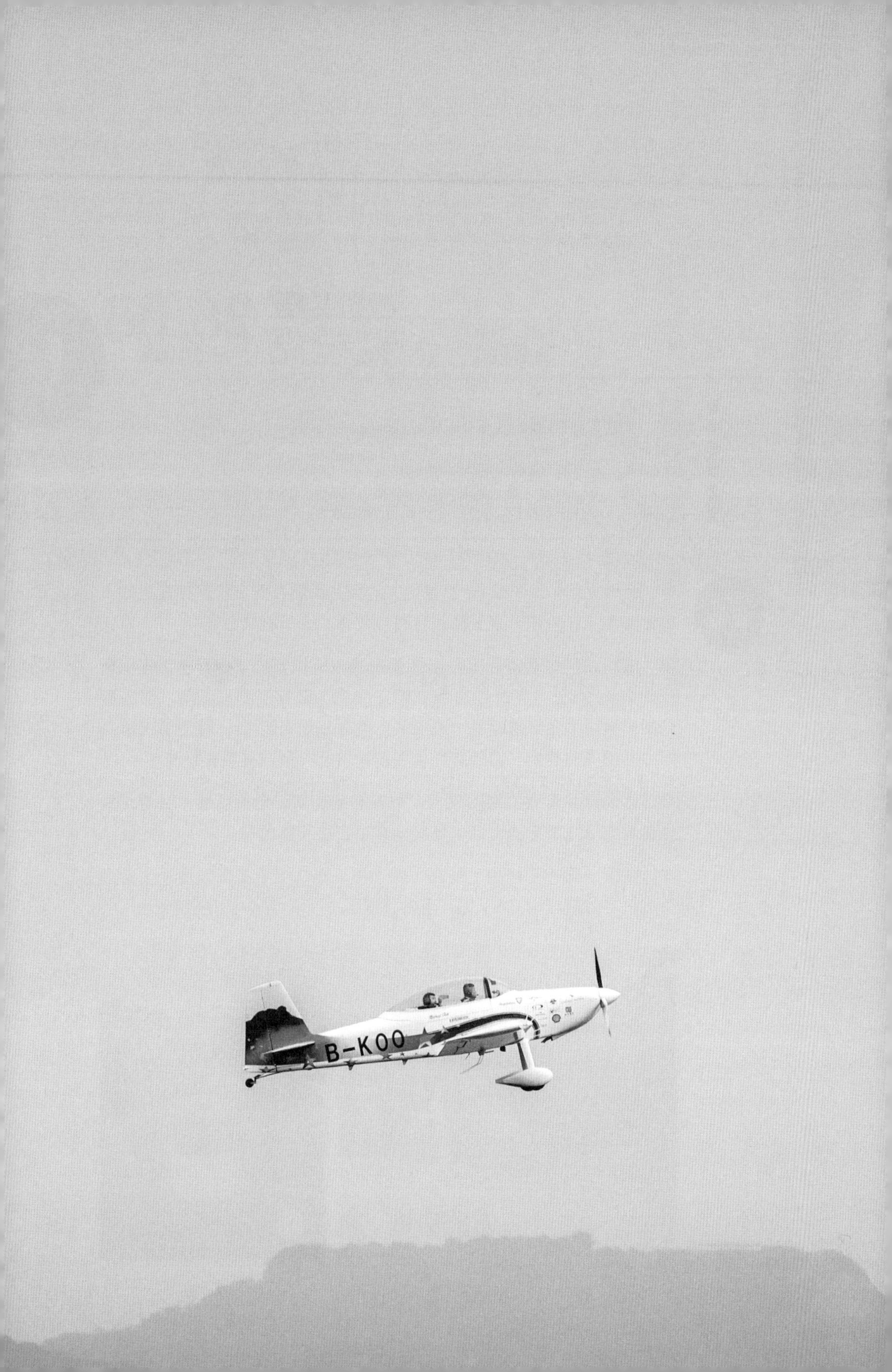
B-KOO

環球飛行日誌

菲律賓

香港 → 克拉克 28/08 ★2016★

第1站

- 後座隊友： Gary
- 機場：克拉克國際機場（Clark International Airport）
- 抵達時間：2016 年 8 月 28 日 13:05（UTC+8）
- 飛行時數：4 小時 39 分（香港→克拉克）
- 飛行距離：1233km ● 逗留時間：1 晚
- 離境時間：2016 年 8 月 29 日 10:54（UTC+8）

行程記事

● 起飛之前，我和 Gary 已發現有一大片雨雲在香港及菲律賓之間，因此決定先往東飛，直至臨近台灣境才轉為南下往菲律賓。

● 由於我需要保留空間方便操作飛機，所以我的三袋行李都塞到後座的 Gary 身上。處身在那狹小的空間中，確實談不上舒服，而小型飛機的機艙內是頗嘈吵的，需要戴上隔音耳筒；而 Gary 戴了耳筒後，再加上飛機的震動，讓他有如坐在按摩椅上，所以很快便睡着了。

● 當飛抵菲律賓境附近時，空中有許多或厚或薄的雲層。我駕着飛機從雲與雲之間穿插而過，更看見雲中正在不斷閃電。

● 在這段飛行過程中，外面不斷下雨。雨水更不斷從玻璃罩的邊沿彈進來，我只好叫 Gary 從行李中找些毛巾、衣物塞住那些進水位。

3 終於展開環球之旅了！第一段航程就在風雨中度過。留意 Gary 身邊件衫，正是用來塞住那些入水位。

4 興奮過後，倦極的 Gary 在飛機上睡着了。

● 降落後，由於一直下着大雨，我們怕雨水會淋進機艙內，所以待在停機坪上一直無法下機。最後，有勞機場人員走過來替我們撐雨傘，我們下機後立即蓋好玻璃罩。

● 因為第二天便繼續行程，所以停雨之際，即替飛機加油。由於之前我到過這機場，曾發現這裏的油泵有問題，所以這次已自備油泵來進行加油。（見圖一）

● 由於下一站（沙巴）沒有供應這款飛機燃油，所以這時候需要在後座加放輔助油缸，以讓飛機能有足夠的燃油飛到峇里。（見圖二）位置有限，Gary 遂自行乘搭飛機飛往峇里，在當地再與我會合。

馬來西亞

克拉克 → 沙巴

29/08 ★2016★

第2站

- 後座隊友：「油缸先生」
- 機場：亞庇國際機場（Kota Kinabalu International Airport）
- 抵達時間：2016 年 8 月 29 日 16:10（UTC+8）
- 飛行時數：5 小時 16 分（克拉克→沙巴）
- 飛行距離：1265km
- 逗留時間：2 晚
- 離境時間：2016 年 8 月 31 日 06:20（UTC+8）

行程記事

在飛沙巴之前，因天氣太差，想申請改航線。但對方不允許，於是我改為申請目視飛行，這令我可以沒有高度限制飛行，令本來申請不到的航線得到允許。最後取得允許了，於是我便駕着飛機在雲邊穿插。機頭有電子儀器，所以事先封了邊，避免入水。

到沙巴，看了神山便降落。有一位國泰機長接應我，名叫 Thomas Ng，他也是香港航空青年協會（HKYAA）副主席；他是第一個在外站支援的隊友，幫忙打點不同事宜。

在旅程中，大部分航程都是天未亮就要起飛，而飛抵目的地時可能已經黃昏，十分累人；但另一方面，我必須花時間規劃前往下一站的航線。所以到了沙巴後，吃過晚飯後就與 Thomas 一起設計航線，並發往香港作申請，至第二天才有時間到市內和附近島嶼觀光。

1 這程的飛行高度超過一萬呎，所以要吸氧氣。

2 沙巴的大牌檔。

3 沙巴的水上和水下活動都甚為出名，相信與其水清沙幼不無關係。

4 Thomas Ng 是第一個在外站支援的隊友，幫忙打點一些不同事宜，例如：出入境手續、酒店安排、飛機維修保養等。

3

印尼

沙巴 →峇里島

31/08 ★2016★

第3站

- 後座隊友：「油缸先生」
- 機場：伍拉 · 賴國際機場（Ngurah Rai International Airport）
- 抵達時間：2016 年 8 月 31 日 13:07（UTC+8）
- 飛行時數：6 小時 47 分（沙巴→峇里島） ● 飛行距離：1774km
- 逗留時間：1 晚 ● 離境時間：2016 年 9 月 1 日 06:33（UTC+8）

起飛離開沙巴，再次途經「神山」，加上日出美景，超靚！

行程記事

● 飛往印尼期間，飛機爬升至海拔 11000 呎，於是我戴上氧氣罩，這是按法例要求而做，事實上我呼吸十分暢順。

● 抵達印尼後，安頓好飛機，Gary 即衝過來。我們一起拆了後座的輔助油缸，並為機翼油缸注滿油，準備接下來飛至澳洲的航程。

● 飛機的燃油、降落及停機都是需要付費的，而菲律賓及印尼的停機費都十分昂貴。我們所停留的每一個站，所需費用是從免費到幾千元美金不等，差異十分大。

1 入油之前，先用「油料試紙」測試那桶燃油有否存在水份，萬一有水份，就有機會在高空結冰，將對飛行構成極大危險。

2 笑容滿面的 Gary，準備為飛機加油。

第4站 01/09 ★2016★ 峇里島 → 布魯姆

澳洲

- 後座隊友： Gary
- 機場：布魯姆國際機場（Broome International Airport）
- 抵達時間：2016 年 9 月 1 日 11:13（UTC+8）
- 飛行時數：4 小時 40 分（峇里島→布魯姆）
- 飛行距離：1295km
- 逗留時間：2 晚
- 離境時間：2016 年 9 月 3 日 08:19（UTC+8）

行程記事

● 有人提醒我進入澳洲之前，必須注意機上有否夾帶了任何植物或昆蟲。為此，我預先替飛機噴了殺蟲水。

● 飛抵澳洲之後，便開始境內飛行，一切都變得簡單，我們不必穿着制服了。

● 這一站之前我也到過，我再次找了當地經營酒店的朋友 Adrian，請他贊助一晚住宿。他提供了一個房間給我和 Gary 留宿。沒料到，Gary 的鼻鼾聲十分大，我即使戴了耳塞仍無法入睡，結果要吃安眠藥才睡着。（Gary，踢爆你的秘密了！）

● 第三天，準備離開前，我帶了 Adrian 飛了一轉，讓他在空中欣賞其酒店。

1 我們和 Adrian 合照，更送了 B-KOO 的飛機模型給他！

2 這個地方景色實在太美了，沙灘的海岸線十分長，拍出來的相片很難不漂亮。

澳洲

布魯姆 → 烏魯魯

03/09 ★2016★

第5站

- 後座隊友：Gary
- 機場：艾爾斯岩康奈蘭機場（Ayers Rock Connellan Airport）
- 抵達時間：2016 年 9 月 3 日 14:04（UTC+9:30）
- 飛行時數：4 小時 15 分（布魯姆→烏魯魯） ● 飛行距離：1208km
- 逗留時間：1 晚 ● 離境時間：2016 年 9 月 4 日 09:22（UTC+9:30）

行程記事

● 雖然我們都是經常飛往世界各地的人，沒想到今次犯了一個低級錯誤：由於位於北半球的香港在出發時正值夏天，所以帶備的衣物都是短袖衫褲；但我們忽略了位於南半球的澳洲卻是冬天。在比較接近赤道的布魯姆，我們還沒發現異樣，但就在飛往烏魯魯的航程中，當飛機爬升至海拔 9500 呎時，機艙內的溫度已經降至攝氏 1 度左右，而且，我還穿着涼鞋！飛機的風口就在下方，我的下半身幾乎凍僵。由於海拔每 1000 呎就會相差兩度，我立即把飛機降至海拔 7500 呎，我們用盡方法塞住風口，並把所有衣服披上，十分狼狽！

● 由於我和 Gary 都很想看「神石」──艾爾斯岩（Ayers Rock），所以特地飛到這個機場。這「神石」特別之處，是在一片平原之中矗然突出的一座巨大石山，是當地土著的聖地，也是澳洲的地標之一。

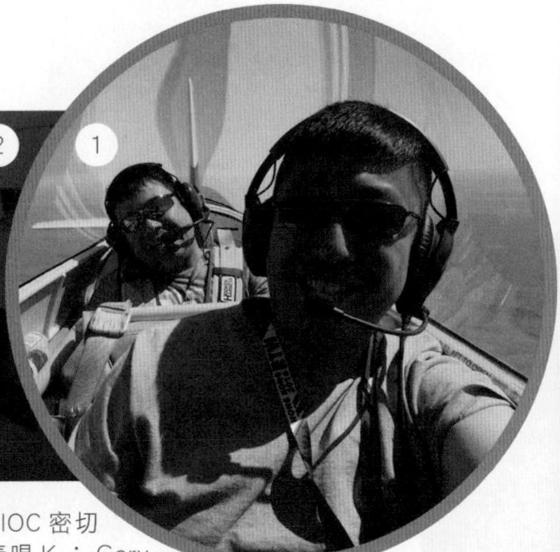

1 因為是在澳洲境內飛行，飛機不必與香港的 IOC 密切聯絡，所以我們在這航程中開始在機上盡情唱 K ： Gary 在後座用平板電腦來播歌，而通話筒就成了麥克風。

2 正因艾爾斯岩是土著的神靈，所以規定當地一切業務所賺得的錢，必須撥歸土著。因此當地的酒店都很貴，而且都屬同一機構所經營。我倆所住的當地旅舍，尤如軍營一樣：每間房都左右兩張雙層床（碌架床）。

3　飛機在艾爾斯岩上空繞飛了一圈。

4　入場券

在飛往艾爾斯岩的途中，飛機經過了 Great Sandy Desert。我們都穿着便服，而且在起飛前買了一堆零食，當中包括巧克力，因為高熱量又提神。當時我們在機上一共放了 4 袋行李：一袋是飛行資料文件，一袋是我的個人衣物，一袋是 Gary 的行李，餘下一袋便是食物。

抵達後，我們各花了 70-80 元澳幣買入場券，正式進入艾爾斯岩景區。進去之後，我們才發現若要近距離接觸「神石」，便要再多花 25 元澳幣。景區之內，除了看石頭，便沒其他事可作了。不過這已圓了我的心願：想當年在澳洲學習駕駛飛機那麼長時間，卻一直沒機會目睹這座地標，今次總算來了。

我們計劃翌日早上 5、6 時就起床，因為之後的航程預算要飛 5 至 6 小時，我們希望能在下午抵達一個目的地。

在旅舍中睡了一晚，第二天醒來，發現雙腿被床蝨咬了一片，揭開床單，才發現那張床竟然有床蝨。而當時被床蝨所咬的疤痕，至今仍在腿上。

起床之後，我們便要替飛機加油。沒料到加油之際，才發現他們只收當地的信用卡。在我們頭疼之際，幸好遇到一位機場的工作人員，他對我們環球飛行的事早有所聞，並相當感興趣，所以主動上前攀談。就趁這個機會，立即拜託他代簽信用卡買油，並立即付現金給他。如此，飛機終於解決了加油問題。

飛機順利起飛之後，在艾爾斯岩上空繞飛了一圈，然後便出發往下一站了。

第6站

澳洲

烏魯魯 → 查爾維爾

04/09 ★2016★

- 後座隊友： Gary
- 機場：查爾維爾機場（Charleville Airport）
- 抵達時間：2016 年 9 月 4 日 16:32（UTC+10）
- 飛行時數：6 小時 40 分（烏魯魯→查爾維爾）
- 飛行距離：1537km ● 逗留時間：1 晚
- 離境時間：2016 年 9 月 5 日 08:26（UTC+10）

在查爾維爾火車站打卡。

在機上開餐！

記事 行程

● 經上次被蝨咬的經驗，我們安排了好一點的酒店。澳洲很多地方只是很小的鎮，這裏也是。

● 這可算是個中途站，我們到酒店後就外出買糧食。睡個覺，第二天便離開。

第7站

澳洲

查爾維爾 → 基爾科伊

05/09 ★2016★

- 後座隊友： Gary
- 機場：基爾科伊機場（Kilcoy Airfield）
- 抵達時間：2016 年 9 月 5 日 10:59（UTC+10）
- 飛行時數：2 小時 33 分（查爾維爾→基爾科伊） ● 飛行距離：619km
- 逗留時間：2 晚 ● 離境時間：2016 年 9 月 7 日 11:25（UTC+10）

記事 行程

● 一架小型飛機，每飛行 50 小時便須作一次小檢查，而飛行達 150 小時則需要作一次大檢查——即要將飛機大部份零件拆開逐一檢查。所以我們飛往基爾科伊，就是找 Geoff 協助我們進行這次大檢查。

● 當我完成降落，才剛下機之際，Geoff 只用了不夠 30 秒時間跟我打招呼，隨即開始拆開我們的飛機，完全沒有理會 Gary 仍卡在後座裏出不來，Geoff 真的絕不浪費時間。

飛機要拆開部分外殼，進行大檢查。

Crystal（後座乘客）和 Wing Wing（左）輪流坐上飛機，翱翔天際。

● 除了我、Gary 及 Geoff 三人，Gary 還邀請了他一位在澳洲的朋友來幫忙，合共四個人一起進行。這次大檢查預計花一天半時間，過程亦十分順利。經過檢查後，確定飛機的狀態十分健康，只有無線電天線需要稍作調整。

● 這一站，IOC 的 Crystal 及 Wing Wing 專程從香港過來，替我們補給物資。過去幾天，我們一直沒有替換的衣服，加上欠缺厚衣，幸好有他們帶來。由於他們肩負 IOC 工作，就只有這一站才可抽身過來，並有機會坐上這架小型飛機。

澳洲

基爾科伊 → 黃金海岸 07/09 ★2016★

第8站

- 後座隊友：「油缸先生」
- 機場：黃金海岸機場（Gold Coast Airport）
- 抵達時間：2016 年 9 月 7 日 12:25（UTC+10）
- 飛行時數：1 小時（基爾科伊→黃金海岸） ● 飛行距離：222km
- 逗留時間：1 晚 ● 離境時間：2016 年 9 月 8 日 07:54（UTC+10）

行程記事

● 從這一站開始，往後之處，就是我之前從未駕駛這飛機到過的地方，是我和 B-KOO 展開的新歷程、新體驗。從基爾科伊起飛之後，飛行約一小時便到達黃金海岸。然而飛機後座安裝了輔助油缸，Gary 沒法隨行，只好自行駕車前往，結果足足花了 3 小時才抵達。我們來這裏，是因為這兒有海關及出入境處，可以辦理出境手續。

● 黃金海岸機場是一個十分繁忙的機場，當我抵達機場後，停在 17 號停機坪。未幾我發現一架編號 VH-IBC 的飛機就停在旁邊，那正正是現時完成環球飛行最年輕的機師 Lochie Smart 的飛機！他是我一直很想拜會的對象，雖然他年僅 19 歲，飛行經驗比我少得多，背後也不像我般有一支強大團隊支援，卻成功在三個月前獨自完成環球飛行，破了世界紀錄。我立即把握機會，拜會了他。

在機上鳥瞰黃金海岸。

1 Lochie Smart 的坐駕： VH-IBC

2 與 Lochie Smart 合照

● Lochie Smart 看到我所編排的路線後，建議我們不要走格陵蘭、冰島的航程，原因是天氣提早寒冷，已成結冰區。事實上，我所駕駛的飛機，並不適宜穿越結冰地區，因為飛機的機翼外側如結冰，飛行性能將會大大降低，甚至有危險。他建議我反正已準備從夏威夷直飛美國，如此長途的航程都能夠應付，何不取道從加拿大經大西洋的亞速群島再到歐洲？這航程的難度並不會比夏威夷直飛美國困難，而且可以節省許多天行程。聽了他的意見後，我便與 IOC 和 Mike 相討可行性。此外，他還給予我其他許多寶貴意見。

● Lochie Smart 離開後，我與 Gary 先去吃飯，並在當晚替飛機注滿了油。由於之後太平洋群島的行程，每一站都需要用到輔助油缸，所以我只能自己飛。第二天，Gary 替我送行之後，便自己搭飛機離開。

● 雖然 Gary 很想全程參與，但太平洋群島中間各站實在無法自行到達，甚至很有可能被困在那些海島上，所以最好還是到夏威夷再會合。在夏威夷會合的好處是，萬一飛機出了狀況，將零件快遞到夏威夷進行維修是最方便的。然而黃金海岸並沒有飛機直飛夏威夷，所以 Gary 先返回香港，然後再轉機往日本停留，到時間差不多才再飛往夏威夷的大島（The Big Island）跟我會合。

瓦努阿圖

黃金海岸 → 盧甘維爾 08/09 ★2016★

第 9 站

- 後座隊友：「油缸先生」
- 機場：桑托佩可亞國際機場（Santo-Pekoa International Airport）
- 抵達時間：2016 年 9 月 8 日 15:41（UTC+11）
- 飛行時數：6 小時 47 分（黃金海岸→盧甘維爾） ● 飛行距離：2021km
- 逗留時間：3 晚 ● 離境時間：2016 年 9 月 11 日 06:00（UTC+11）

行程記事

● 瓦努阿圖是一個由許多海島所構成的島國，而我飛抵的是位於該國北方的一座小島。我選擇取道此地，完全是因為曾經有電視廣告説這是「我最想移民的地方」，加上電視節目《世界零距離》的介紹，最後 Mike 亦確定當地有飛機所需的燃油，因此我便來到這裏了。

● 當來到桑托佩可亞國際機場時，才發現是一個十分簡陋的機場：不但地面龜裂，而且每一天只有一班飛機升降。所以當天除了我的飛機，機場裏便只有另一架飛機。

● 飛機降落之後，有一位本地人主動上前，原來他就是 IOC 替我安排的地面支援人員（Ground Agents）。這是一項收費的服務，專責替我安排電油、清關、酒店等等需要。由於當天並沒有其他飛機到達，所以移民局的官員是專程為我而來的。

機場十分冷清，當天就只有我的小型飛機和以及另一架飛機。

1 岸上的大鐘——大力敲打他，才有船來接我。

2 當地的菜市場。

● 埃斯皮里圖桑托島是瓦努阿圖最大的島，但比我想像中簡樸得多。當地種了許多椰子樹，其次就是養牛，當地的牛是野生放養的，吃起來肉質十分好，都是準備出口銷往日本。

● 我安頓飛機之後，便啟程前往酒店。在此之前，IOC 曾告訴要進入該酒店時，要在河邊拿一根棍子，敲三下岸上的大鐘，便會有船來接我。我本來以為是開玩笑，沒料到司機載我到達酒店時，發現真的是這個樣子：在河岸上，吊着一個大油桶（也就是所謂的「大鐘」），旁邊放了一根棍。於是我拿起棍子敲了油桶三下，卻完全沒有反應；司機看到後，搖着頭說：「不是這樣子！」然後搶了我手上的棍子，向那大油桶猛力狂敲，不久之後，一艘小舢舨終於出現。小舢舨接了我進「酒店」，那酒店其實是蓋在水面上的獨立屋，用竹和貝殼築成。酒店內有多間房間，卻只有我和一個俄羅斯家庭入住。那房間並有沒冷氣，只提供風扇。

● 難得到了瓦努阿圖，我想多停留一天到處遊覽，因此通知了 IOC 替我安排。

● 第二天，我借了酒店的獨木舟，獨自前往當地著名的「藍洞」。我划着獨木舟順着河流前進，狹窄的河道十分迂迴，沿途兩岸都是原始森林，有許多動物正在棲息。而且還看到有許多蜘蛛，不過在出發之前，酒店的職員曾告訴我，當地並沒有毒蜘蛛，那些蜘蛛都不會咬人，才讓我放心進行旅程。到達「藍洞」後，原來那就是河流的盡頭。所謂「藍洞」，意指河水都是從地底而來，這裏的水都是淡水，可以直接飲用，如果天氣好的話，這裏的水將是一片清澈的藍色。

1 跟當地的中國人合照。

2 跟機場控制塔職員合照。

● 在市中心發現有許多中國人開的店，他們大多是來自廣東，以開雜貨店居多。這個市中心其實很小，大約半小時便逛完了。

● 原來當地在第二次世界大戰之際，是美軍的基地所在。當美軍要從這裏撤退時，許多軍備都帶不走，於是便將許多船隻、軍車都毀棄於該島的海裏去，成了著名的「百萬元的海灣」。

● 及後我問接載我的司機島上是否有飛機的殘骸，他便帶我到了一個森林，散落着一些被擊落的美軍飛機。司機告訴我，偶爾會有一些歷史學家來到當地，把這些殘骸檢走，重新修復成飛機本來的樣子。

● 由於我計劃第四天清晨 4 時 30 分就要出發飛往下一站，所以遷往較近機場的酒店，登記時酒店職員説有人留言找我。於是我便禮貌回覆，才知道他就是機場上另一架飛機的主人，他希望跟我打個招呼。這時候我才驚覺只要確認某人在島上，便一定能找到他，小島上是沒有秘密的。

● 我們相約見面，原來他是外地人，在當地提供「空中的士」的服務。他向我分享了自己的故事，我也分享自己的故事——我環球飛行的另一目的，就是認識世界不同的人及文化。

● 在第三天，我收到通知需要立即去機場控制塔一趟。我正擔心到底出了甚麼問題，匆匆來到控制塔後，機場的職員告訴我：當地的機場早上 6 時才開放，我安排清晨 5 時 30 分起飛，實在太早了。結果經過一輪交涉，對方提出要求：只要我願意付錢替大家買早餐，他們才肯提早替我安排。我立即決定付錢解決。

● 終於到了第四天，由於我怕再出甚麼問題，所以清晨 4 時便到了機場。結果機場真的還沒開放：入境處職員到了，控制塔職員也到了，但就是欠了負責開門的人。等開門的人一到，大家立即趕快完成手續。由於延遲了起飛，我只好加快動作，趕在日落之前飛抵下一站：美屬薩摩亞。

3　二戰之後，許多船隻、軍車都毀棄於該島的海裏去，成了著名的「百萬元的海灣」。

4　我環球飛行的另一目的，就是認識世界不同的人及文化。

美屬薩摩亞

盧甘維爾 → 帕果帕果

11/09 ★2016★

第10站

- 後座隊友：「油缸先生」
- 機場：帕果帕果國際機場（Pago Pago International Airport）
- 抵達時間：2016 年 9 月 10 日 16:03（UTC-11）第 1 次穿過換日線（減 1 天）
  2016 年 9 月 11 日 14:03（UTC+11）--- 瓦努阿圖時間
- 飛行時數：8 小時 3 分（盧甘維爾→帕果帕果）
- 飛行距離：2435km ● 逗留時間：2 晚
- 離境時間：2016 年 9 月 12 日 06:41（UTC-11）

行程記事

● 從這一站開始直至夏威夷為止，期間各站的時差十分混亂。例如「薩摩亞」就分為「薩摩亞獨立國」（UTC+13）及「美屬薩摩亞」（UTC-11），兩地雖然相鄰，但時間足足差了一天。

● 從盧甘維爾飛往帕果帕果的航程很長，然而由於時差的關係，我降落的時間（9 月 10 日下午 4 時）竟然比起飛的美屬薩摩亞時間（9 月 11 日早上 6 時）早了 14 小時。

● 本來計劃的航程是想停留斐濟，但由於費用太昂貴，所以才改飛美屬薩摩亞。由於美國對航空的管制十分嚴格，而當地屬於美國領土，因此我便按照美國的飛行程序來辦理。當我飛抵美屬薩摩亞的空域後，便開始召喚控制塔，結果沒有人理會我，我翻閱飛行手冊，才知道這是一個無空管的機場。我自行降落機場後，不敢打開艙蓋，希望等候當地的官員出現。結果我等了很久都沒見人，便戰戰兢兢打開艙蓋出去。出去後，發現有些人在機場旁邊經過，我便抓住其中一人來問：原來機場職員放假，我要自行到入境大堂辦手續。

● 當我到了入境大堂，並向職員出示美國簽證時，那位職員竟說我並沒有當地的簽證，雖要支付美金 50 元來辦理落地簽證。我指着我的美國簽證跟他說：「這不就是我的簽證嗎？」結果對方竟告訴我：「這裏並不是美國！就算是美國人到來，他們也要辦本地簽證，更何況你不是美國人？」

Hank 為飛機加油。

當地的汽車加油站。

這裏的水，比瓦努阿圖還要清澈。

我在環島遊時，於岸邊發現了一艘沉船。

完成辦理當地簽證的手續之後，終於有人告訴我應把飛機停放在甚麼地方，並接載我前往下榻的酒店。我入住的已經是當地最好的酒店，然而在我眼中，這間酒店頂多只有一星半。儘管酒店的房間有很強烈的異味，但亦沒有任何辦法另作安排了。

在當地，我安排了第二天的一整天時間可以好好休息。當天我先替飛機注滿了油，然後逛了當地的商店。儘管之前被告知這裏並不是美國，但當地的商店全都是賣美國貨，而且用的是美金，吃的是麥當勞漢堡包，電視播放亦都是美國節目，只是當地人並不是美國人。當地人的外貌有如夏威夷裔與南亞裔的混合人種。

之後我在當地租了一輛汽車，打算作一次環島遊。然而這個海島實在很小，如果我一直不停地開，即使以當地所限的最低時速，大概一小時便環繞了一圈。這座小島只有一條主要公路，沿途有些沙灘，沙灘上有些沉船。沙灘上的石，其實是火山石，因為這裏根本是一座火山島。這裏的水，比瓦努阿圖還要清澈。

當地到處都有教堂，我開車時每隔幾分鐘就看到一座。及後才知道，當地 98% 居民都是基督徒。

在我準備離開之際，買了一罐「金寶湯」，這便是我航程中的午餐了。飛行時，我只要用黑色膠袋把這罐金寶湯包起來，並放在太陽曬得到的位置，只需半小時後，就有一罐微暖的食物享用了，這就是我的飛機餐。

基里巴斯

帕果帕果 → 聖誕島

13/09 ★2016★

第11站

- 後座隊友：「油缸先生」
- 機場：卡西迪國際機場（Cassidy International Airport）
- 抵達時間：2016 年 9 月 13 日 17:07（UTC+14）第 2 次穿過換日線（加 1 天）
  2016 年 9 月 12 日 16:07（UTC-11）--- 美屬薩摩亞時間
- 飛行時數：9 小時 26 分（帕果帕果→聖誕島） ● 飛行距離：2330km
- 逗留時間：2 晚 ● 離境時間：2016 年 9 月 15 日 06:59（UTC+14）

聖誕島和聖誕無關，卻有聖誕郵票。

行程記事

● 從帕果帕果飛往聖誕島的航程，因為遇上了逆風，所以比預定時間慢了許多才抵達。

● 基里巴斯是太平洋上的一個島國，分為吉爾伯特群島、鳳凰群島及萊恩群島等三大群島。然而鳳凰群島（原為 UTC-11）及萊恩群島（原為 UTC-10）的時間，比首都塔拉瓦所在的吉爾伯特群島（UTC+12）足足慢了 22 至 23 小時，造成管治上的不便。因此，該國自 1995 年起即將鳳凰群島和萊恩群島，分別改用 UTC+13 和 UTC+14 時間，即比夏威夷時間早了一整天。之後，位處基里巴斯南方的「薩摩亞獨立國」配合基里巴斯，亦改用 UTC+13 時間，然而「美屬薩摩亞」卻並未有跟隨修訂，仍然維持使用 UTC-11 時間（即跟美國時間）。因此，便導致帕果帕果與聖誕島兩地之間，出現超過一天的時差。

● 屬於萊恩群島之一的聖誕島，是大型客機時經常經過的地方。這裏的居民生活在貧窮線以下，只是一座珊瑚島，島上陸地很少，沒有山，也沒有任何產物；然而有很多鹽湖，但那些水都是不能飲用的，所以當地並沒有食水，完全依靠進口的瓶裝水維生。島上居民主要都是漁民，然而當地的漁獲，也只能作為貓糧原料之用。當地的經濟主要依賴外國資助來支持，主要支持國是澳洲，其次是便日本、新西蘭及台灣。

商場鋪頭內的伯伯。

學校裏的孩子。

● 這地方每星期只有兩班飛機，機場並沒有控制塔。在我降落之際，機場只有兩架消防車在等我，待我完成降落，兩架車便立即開走。當地海關亦沒有人辦公，而為我擔任地面支援人員（Ground Agent）的是一位當地中學生，他替我一次過蓋好了入境及出境印章，如此我要走便隨時都可以走了。

● 當地並沒有酒店，只有旅館。我入住的房間設有冷氣機，已經是當地最好的房間。然而那部冷氣機實在太吵，最後我還是決定關掉了。

● 我想在當地找餐廳，結果發現當地原來並沒有餐廳。我的三餐，都由旅館的老闆親自替我烹煮：他為我提供了一份吞拿魚刺身，以及一盤意大利粉。我問老闆是否有其他東西可以吃？他說可以吃龍蝦，但需要捕捉。結果第二天，真的有四隻龍蝦出現在餐桌上。此外，這座島的蟹的數目極多，牠們都在岸上走來走去，在馬路上開車，少不免會輾死幾隻。

● 在當地，除了本地人之外，全部都是來釣魚的旅客。我付了點錢給旅館老闆，請他帶我在島上遊覽。結果他首先帶我去看一個水井，並告訴我這是當地最新蓋好的水井。之後再帶我去看一個貨櫃，原來這是一間網吧。在他帶我遊覽期間，告訴我這些建設，都是在外國人捐助下才建成的。之後我們到了當地最大的建築物，就是由七間鋪頭連成的商場。然而那商場只是賣日用品，唯一吸引我的就是當地的明信片，照片印得十分漂亮。最後，老闆再帶我往下個景點——學校和民居。當地是沒有樓房的，全部都是棚房。此外，由於當地的椰子比水還便宜，所以當地人主要飲用的是椰子水，而不是水。當天，我見到一架加拿大的運輸機抵達，原來是到當地進行補給及換兵。

當地盛產椰子，比水還便宜，所以當地人主要都是飲用椰子水。

我駕着飛機在雲底下穿過，暢通無阻。

美國

聖誕島 → 夏威夷 15/09 ★2016★

第 12 站

- 後座隊友：「油缸先生」
- 抵達時間：2016 年 9 月 14 日 14:35（UTC-10）第 3 次穿過換日線（減 1 天）
  2016 年 9 月 15 日 14:35（UTC+14）-- 基里巴斯時間
- 飛行時數：7 小時 36 分（聖誕島→夏威夷）
- 飛行距離：2035km
- 逗留時間：2 晚
- 離境時間：2016 年 9 月 16 日 23:54（UTC-10）

行程記事

在飛往夏威夷之前，國泰一位同事替我留意天氣，並透過 IOC 通知我因為夏威夷附近有密雲，所以需要繞道而行，預計飛行約 9.5 小時。為此，當天我一大早便啟程，好讓我有足夠時間可以繞道。然而當我飛抵密雲區時，竟發現前方並沒有雲，仔細一看，原來那雲層是在海拔 20000 呎的高空之上！於是我便從雲層底下直接飛過，節省了不少時間。

當我降落當地機場時，Gary 已經在場，並替我打點好一切。我等他替我辦好手續，向我示意一切妥當，我才敢打開機艙玻璃罩。我落機之後，當地的入境人員替我及飛機作了輻射掃瞄，檢查過一切都沒問題後，替我蓋了 7、8 個印，我便正式入境美國。

在機場上，我們先替飛機注滿燃油。這一次，我們真的是「入滿為止」：之前我們最多只是為輔助油缸注入 60 加侖燃油，然而這一次，我們一直注入至超過 66 加侖，直至僅僅能關上缸蓋為止。因為接下來，就是要由夏威夷飛往美國加州那一段超長航程。

參觀火山口。

● 當飛機處於正常環境下，從夏威夷飛往美國加州的聖卡洛斯需要 15 小時，若遇上逆風就要飛行 17 小時，萬一出現雲層而需要繞路，便得飛更長時間，因此一定要確保充足的後備燃油。注滿上限油量後，確保飛機能持續飛行 20 小時，我終於感到安心。安頓好飛機，我們終於可以休息了。

● 此前，我每天都留意夏威夷至美國加州之間的風向，知道一直都處於逆風狀態；然而這天卻是順風 5 至 6 節，同時即將有雲吹來。我當下閃過一念，如果我立即啟程飛往美國，不但能趕在天氣變壞之前離開，而且可能飛行 13 小時便能到達加州。當時我和 Gary 十分認真考慮這個方案，然而這樣做的話，香港 IOC 的成員定會「發瘋」，而且當日正巧是中秋節。就在猶豫之際，當地開始下雨，我們也就放棄這念頭了。

● 我們計算過，若要在日落前飛抵加州，那麼我必須在前一天的深夜出發，因此，我的作息時間也調整了——下午兩三點就睡覺，晚上八九點起床，然後跟香港天文台那邊開會，了解最新天氣情況，決定是否當晚起飛。

● 因長程飛行在即，我也沒有心情遊玩，就是到附近看看火山，此外還看了一齣電影：湯漢斯主演的《薩利機長：迫降奇蹟》。說來真是時機不對，因為那電影是說飛機發生意外，緊急迫降到河面上……。

之前太平洋群島的上網速度很慢，所以我都不能跟孩子們作視像通話，隔了差不多一星期，我終於可以再次見到他們的樣子了！

美國，加利福尼亞州

夏威夷 → 聖卡洛斯

18/09 ★2016★

第 13 站

- 後座隊友：「油缸先生」
- 機場：聖卡洛斯機場（San Carlos Airport）
- 抵達時間：2016 年 9 月 17 日 17:31（UTC-7，夏令時）
- 飛行時數：14 小時 37 分（夏威夷→聖卡洛斯）
- 飛行距離：3741km（最遠航程）
- 逗留時間：3 晚
- 離境時間：2016 年 9 月 21 日 10:08（UTC-7，夏令時）

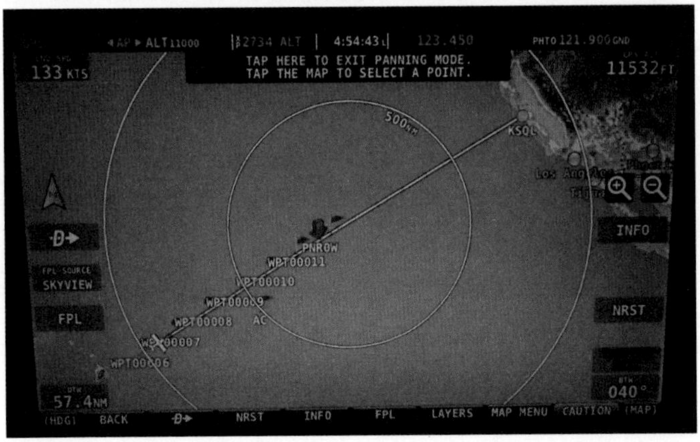

在飛往加州的航程中，我在地圖上劃了一條界線，這是一條「不可回頭」的界線，即穿過那條界線之後，飛機上的燃油將不夠返回夏威夷。

記事　行程

● 在環球之旅中，我每天都會跟香港天文台聯絡，了解最新的天氣資訊。香港天文台十分專業，能全面掌握全球天氣，而且為了支援這次環球飛行旅程，特別替我設立專用帳戶，並委派職員專責跟進。這位天文台職員姓蔡，在每一段航程出發之前，他都為我們詳細分析天氣，對我幫助極大。

● 上一站去到夏威夷後，我們每天都與蔡先生開會，商討甚麼時候適合啟程。當時我們採用最保守的計算方式：順風的風速只算一半，逆風的風速則多算一倍。因為在飛行的過程中，風向很重要，若處於逆風 10 節或以上，會令飛行時間過長，導致沒有足夠燃油，所以逆風的風速太高，我就只能夠等待。事實上，每一個進行環球飛行的人，到了夏威夷都必須面對這個等待過程，因為這段航程是必經之路。最後，蔡先生認為該週的星期四的天氣最好，不但航線上的雲層將會移走，而且只是逆風 7 節。雖然這並非最理想時機，而且夏威夷附近有雷雨，但雷雨只在島嶼附近發生，飛出去之後便沒有問題。換言之，我在夏威夷逗留兩晚就再出發了。

● 跨越太平洋直飛美國本土，中間至少經歷十多小時，為了避免途中需要大解，我在航程中只準備吃一餐，那就是一罐肉丸意粉，同樣是用黑色膠袋包着，透過太陽照射來加熱。

● 第三天，我利用下午的時間盡量睡覺休息。因為飛機必須在日落之前抵達加洲的聖卡洛斯機場降落，而最保守的到達時間為下午4時30分，如此往上回溯時間，再加入時差計算，我便得在前一天的凌晨12時出發。

● 準備起飛之際，Gary負責辦妥離境手續。當時機場裏下着毛毛雨，我先檢查油缸有沒有問題，然後便在機場的地面上，向機場控制塔請求飛行許可。當時我一共要取得兩項飛行許可：第一是由本機場出發的起飛許可，第二是由檀香山所發出的飛往加州的許可。第一項許可很快就順利取得，然而第二項許可，我發了許多次請求都沒有得到回應。

● 其實在此之前，我早已聽過一些前輩分享，指出夏威夷希洛國際機場由於地理因素，是沒有辦法接收到第二項許可的；但只要起飛之後，在空中便能順利收到。然而當時卻有很大顧慮：由於機上注入了過多的燃油，飛機處於超重狀態，萬一起飛之後發現第二項許可出現問題，飛機將不可能立即降落，到時便必須不斷盤旋，直至燃油消耗至可承載之重量後才能降落；而且當時還是半夜，一切都變得十分麻煩。

● 別無他法，最後我決定起飛。結果，飛機一攀至上空就真的成功聯絡上了。然而取得聯絡之後，對方竟說我的做法不符合規定，必須先透過電話方式去申請。這時候我本想啟動自動導航系統，以方便我處理這件事情；卻發現由於飛機超重，所以自動導航系統暫時未能啟用，必須要手動操作。無奈之下，我只好一面單手操控飛機，同時另一手用iPad發訊息給香港的IOC，請他們替我打電話向當局道歉，並提出申請。最後，當局透過無線電跟我通訊，足足花了近5分鐘，過程中我得一面抄寫，一面繼續操控飛機，十分狼狽。到了最後，對方回覆IOC時，竟然用廣東話說了一句：「OK，沒問題了！」大家當下不曉得是甚麼一回事，至今這仍然是一個謎，但當下我也沒有深究，總之完成手續後，我終於可以離開夏威夷，往美國本土出發。

身處太平洋的夜空中，我在黑暗中渡過
3 小時後，終於看到日出了。

● 在夏威夷飛往加洲的航程中，我必須每小時透過無線電與美國當局保持聯絡；然而這個無線電的天線，一直是個潛在問題。當局要求我在航程中保持聆聽訊息，但是這條天線長期外掛出來，會有風險，所以我決定暫時收起天線，待下一次需要聯絡時才再放出來。結果在一小時之後，我再透過高頻無線電與當局聯絡時，才發現對方原來已經呼叫了我足足半小時，再多過一會就會派飛機去作搜救。我立即請求對方原諒，説明了自己正面對的困難，並提供了香港 IOC 的聯絡方法。經過溝通之後，我終於可以一小時才用高頻無線電聯絡一次。

● 在飛行過程中，我每半小時記錄一次飛機的狀態，並計算燃油的消耗情況，評估當下的續航能力。在航程中，我等燃油消耗了一些後，便再次啟動自動導航系統。結果要在消耗了近 100 磅重的燃油後，自動導航才可以使用。進入自動導航之後，我才發現自己進入了一個很寧靜、也很孤獨的環境中。這一刻我身處太平洋中心的夜空，四周漆黑一片，心裏沒有擔心，反而感到很特別，是一種前所未有的感覺。我甚麼都不必做，享受在當下，沉醉在自己的思緒當中。

● 在黑暗中渡過了 3 小時後，我看到日出了。其實這一段航程，有不少飛機發生過事故，幸而我的興奮把那害怕的感覺壓抑下去。日出之後，我就更加淡定了。我可以直接看見海面，於是開始不斷記下船的位置，以備發生意外將要墮海時，也可以盡量飛近那些船的所在之處，增加獲救機會。

● 快到美國本土之際，香港時間才剛踏入凌晨。在這一段航程中，開始有許多飛機在附近飛過，發出許多不同聲音，讓我開始感受到一點人的氣息。之前的航程中，我就像是離開了這個世界，到了一個沒有人去過的地方；而現在，彷彿重回人間。這時候亦臨近中午，我也要吃東西了。

● 在最後一小時的航程，我已經能夠看見陸地，亦不必再用高頻無線電了。由於美國的小型飛機文化很濃厚，所以當地人對我的到訪也顯得十分歡迎。在大氣電波中，有當地的飛行員向我發來訊息，問我從哪裏來，我便說：「我從香港來的，上一站從夏威夷起飛。」

● 到了三藩市一帶，機場控制塔開始指示我如何降落。在聖卡洛斯機場，除了團隊成員會迎接我，也有其他 RV 機主和機師來歡迎我，見證這飛機的降落。此外，我們更借用了機場的機庫，以便為飛機進行檢查。就在我降落後，控制塔示指我前往 D15 機庫，我問對方機庫的位置在哪裏，對方便說：「現在最多人的地方就是了。」果然，我看見那裏有一大群人正在迎接我。

● 這一程足足飛了差不多十五小時。我一下機，便立即親吻土地。當時我全身僵硬，疲倦非常，幾乎站也站不穩。

● 我一下機，我的契媽、契妹、國泰同事及幾位團隊中人立即過來歡迎我；與此同時，許多美國的華人記者想要訪問我，三藩市華人電視台亦到來進行採訪。當時雖然我十分興奮，但狀態也真的很差。

我一下機，便立即親吻土地。

飛機甫降落，我打開駕駛倉艙，Thomas Yu 急不及待衝過來跟我握手道賀！

另一方面，自從我起飛之後，Gary 便放下了心頭大石，開始很安心地吃夏威夷最著名的「餐蛋飯」。9 月 17 日，Gary 先乘飛機到達檀香山，再轉機飛往美國。按照計劃的話，他應該可以比我更早到達聖卡洛斯。Gary 上了第二班機後，倒頭便睡，沒料到醒來時飛機竟然還未起飛：原來飛機有窗戶出現裂痕，工程師正在搶修，結果 Gary 來不及迎接我。最後，Gary 到了美國便開車直接來到我們租住的一所大宅，並一起吃晚餐。

下機之際，當地好些傳媒也來到，跟我進行採訪。
之後我也上了一家電視台接受訪問。

這一站我和隊友到了機場旁邊的「希勒航空博物館」（Hiller Aviation Museum）參觀。這座博物館我之前多次路過，但未曾進入，這次終於得償所願。

- 在聖卡洛斯的第一天，我都是睡覺休息，直至第二天才起床。另一方面，因為飛機又已經飛行將達 50 小時，需要更換潤滑油及進行檢查。這時候發現，每片螺旋槳都出現了一些裂痕，正好下一站就是螺旋槳生產商的所在地，到時可以向廠方查詢。
- 我也帶了 Sally 和 Geoffrey 在這站飛了一趟。

這一站有很多隊友來接應，並幫忙 50 小時航行後的檢查；趁着夠「腳」，大家把握良機，除了「開餐」，還有「開枱」！

第14站

美國，加利福尼亞州 聖卡洛斯 → 傑克遜 21/09 ★2016★

- 後座乘客：香港記者
- 機場：阿馬多爾縣機場（Amador County Airport）
- 抵達時間：2016 年 9 月 21 日 11:22（UTC-7，夏令時）
- 飛行時數：1 小時 14 分（聖卡洛斯→傑克遜）
- 飛行距離：200km
- 逗留時間：約 4.5 小時
- 離境時間：2016 年 9 月 21 日 15:58（UTC-7，夏令時）

行程記事

- 這一段航程只有個多小時，我接載了香港一位記者，途中飛過金門橋。而 Gary 則與另一位記者駕車前來。

- 到了螺旋槳生產商的工廠後，由於飛機的螺旋槳出現裂紋，他們為此作出檢查，並確定需要更換。其實我們事先已訂了一個新的螺旋槳，以作不時之需，但製造一個螺旋漿需時兩個半月，恰巧還差三天才能起貨。

- 為了繼續旅程的進度，廠方直接借了一個黑色的螺旋槳給我們暫用，而正式的成品則會寄往紐約，待我們抵達美國東岸時再換回來。

廠方直接借了一個黑色的螺旋槳給我們暫用。

第15站

美國，加利福尼亞州 傑克遜 → 薩克拉門托 21/09 ★2016★

- 後座乘客：香港記者
- 機場：薩克拉門托行政機場（Sacramento Executive Airport）
- 抵達時間：2016 年 9 月 21 日 16:25（UTC-7，夏令時）
- 飛行時數：27 分鐘（傑克遜→薩克拉門托）
- 飛行距離：67km
- 逗留時間：1 晚
- 離境時間：2016 年 9 月 22 日 10:27（UTC-7，夏令時）

- 到這一站的目的是探親，我的誼弟就住在這地方。

第16站 22/09 ★2016★ 薩克拉門托 → 奧羅拉

美國，俄勒岡州

- 後座隊友： Gary
- 機場：奧羅拉州立機場（Aurora State Airport）
- 抵達時間：2016 年 9 月 22 日 13:49（UTC-7，夏令時）
- 飛行時數：3 小時 22 分（薩克拉門托→奧羅拉）
- 飛行距離：800km ● 逗留時間：1 晚
- 離境時間：2016 年 9 月 23 日 15:09（UTC-7，夏令時）

我的飛機所有金屬組件就在這裏生產，然後運往香港。經過八年時間，我終於帶它們「回家」。圖左為 RV 飛機公司老闆 Richard VanGrunsven。

此前我們要向香港民航處申請牌照時，需要很多廠方證明文件，廠方的職員 Gus 給予我們很大幫助。

行程記事

● 這是 RV 飛機公司的所在地，而 RV 其實就是公司老闆 Richard VanGrunsven 名字的簡稱。

● 在這一站，我們受到 RV 飛機公司的熱情招待，他們不但讓我的飛機停在該公司的飛機庫，而且還帶我們參觀工場，介紹了各種不同型號的 RV 飛機。

● 我早在 2008 年已來過，當時正考慮是否購入 RV-8，所以專程來看，當時廠方特意用 RV-7 載我飛了一轉，此後，就踏上這條「不歸路」。

Gary 在頭痛是否自己也買一部 RV 飛機自行組裝！

Edward 也是一位廚藝出眾的廚師。

參觀 Museum of Flight。

美國，華盛頓州

奧羅拉 → 西雅圖 24/09 ★2016★

第 17 站

- 後座隊友： Gary
- 機場：西雅圖金鎮國際機場（King County International Airport）
- 抵達時間：2016 年 9 月 23 日 17:06（UTC-7，夏令時）
- 飛行時數：1 小時 57 分（奧羅拉→西雅圖）
- 飛行距離：382km ● 逗留時間：2 晚
- 離境時間：2016 年 9 月 25 日 11:05（UTC-7，夏令時）

行程記事

● 這是飛機電子儀器的贊助商「Dynon 公司」之所在地，我特別來到此地，就是要去拜會該公司，順道探訪 Edward Lansinger，並感謝他們所提供的贊助。這站我們也參觀了 Museum of Flight。

● 本來想過探訪 Mike Seager，但因天氣不好，只好放棄。

美國，華盛頓州

西雅圖 → 埃弗里特 25/09 ★2016★

第 18 站

- 後座隊友： Ken Cheng
- 機場：佩恩機場（Paine Field）
- 抵達時間：2016 年 9 月 25 日 11:35（UTC-7，夏令時）
- 飛行時數：30 分鐘（西雅圖→埃弗里特）
- 飛行距離：46km ● 逗留時間：2 晚
- 離境時間：2016 年 9 月 27 日 09:56（UTC-7，夏令時）

行程記事

● 這一程只有三十分鐘，我們基本上只是飛到附近一個機場。目的地是波音飛機公司的總部，好些團隊成員都來了，另外因為很多港人在波音工作，也專程過來接機，加上 Michael 的表姐也從加拿大過來，令到這一站非常熱鬧。

- 透過國泰安排，我們得到波音公司的接待，不但讓我們參觀波音飛機博物館，更讓我的飛機停在該博物館內，成為一件短期展品，我也作了一個講座。

- 在組裝飛機期間，曾多次幫我從美國「帶貨」到香港的 Andrew 也駕自己的飛機到來探訪我們。

來自五湖四海的朋友聚首一堂。

參觀波音飛機博物館。

我們在附近一家航空氛濃厚的快餐店，吃了一份名為「777」的漢堡包，我見到那巨型漢堡包，未吃先飽。

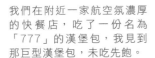

美國，南達科他州

埃弗里特 → 拉皮德城

27/09 ★2016★

第19站

- 後座隊友： Teresa Yiu
- 機場：拉皮德城地區機場（Rapid City Regional Airport）
- 抵達時間：2016 年 9 月 27 日 16:22（UTC-6，山區夏令時）
- 飛行時數：5 小時 26 分（埃弗里特→拉皮德城）
- 飛行距離：1576km ● 逗留時間：1 晚
- 離境時間：2016 年 9 月 28 日 13:11（UTC-6，山區夏令時）

行程記事

● 這一次後座乘客換上了團隊另一位成員 Teresa。她是國泰空姐，但十分喜歡航空，愛談飛機引擎多於吃喝話題，十分另類。早在 2009 年已來學校幫忙組裝飛機，幾乎每月一次，儘管都是瑣碎工夫，但從無怨言，很積極和主動。

● 這一程約飛了兩個多小時，我們需要小解，於是降落到附近機場借廁所，對方也十分歡迎。那裏的確很自在，有一間屋專為小型飛機機師而設的小屋，內裏一切設施都是自助形式，有需要可直接借走車匙駕車到鎮上吃東西。

● 來到目的地拉皮德城（Rapid City），屬於中部平原，以往是西部牛仔的城鎮。在上世紀六七十年代冷戰時期，這裏是洲際導彈的集中地，所以地上有很多裝了導彈的洞穴，給遊客參觀。

西部牛仔城鎮「Wall」一角。

飛行過程中途徑總統山！

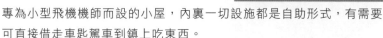

第 20 站

28/09 ★2016★ 拉皮德城 → 芝加哥

美國，伊利諾州

- 後座隊友： Teresa Yiu
- 機場：杜佩奇機場（DuPage Airport）
- 抵達時間：2016 年 9 月 28 日 18:45（UTC-5，夏令時）
- 飛行時數：4 小時 34 分（拉皮德城→芝加哥）
- 飛行距離：1287km ● 逗留時間：2 晚
- 離境時間：2016 年 9 月 30 日 13:03（UTC-5，夏令時）

行程記事

- 到了芝加哥後，我接載了 Michael 的妹妹 Ellen，飛往加拿大多倫多。
- 由於 Michael 無緣坐進這架他曾付出很多的飛機，我很希望至少讓他的家人有機會代他坐進來，所以特別作了這一個安排。
- 因到埗後不斷下雨，所以多逗留了一晚。

加拿大 芝加哥 → 多倫多 30/09 ★2016★ 第21站

- 後座隊友： Ellen Tam
- 機場：比利 · 畢曉普多倫多市機場（Billy Bishop Toronto City Airport）
- 抵達時間：2016 年 9 月 30 日 18:02（UTC-4，夏令時）
- 飛行時數：3 小時 59 分（芝加哥→多倫多）
- 飛行距離：885km
- 逗留時間：3 晚
- 離境時間：2016 年 10 月 3 日 08:48（UTC-4，夏令時）

因天氣關係，延遲了兩日才啟程。期間我帶了孩子心愛的鬆弛熊周圍拍照。

行程記事

Ellen 是這次航程的後座乘客。

- 這程可說是整個行程中天氣最壞的一次，雲層低，我兜了很遠才逃出四方面的雲。本來兩小時的航程，結果花了將近四小時。

- 到了這一站之後，我和 Ellen 跟 Michael 的女友 Cat 會合，她是住在多倫多的。她帶我們去飲中茶——我吃到久違了的蝦餃燒賣，十分感動，此外還品嚐了超好吃的芒果布甸！

美國，新澤西州 多倫多 → 莫里斯敦 03/10 ★2016★ 第22站

- 後座隊友： Cat Law
- 機場：莫里斯敦市立機場（Morristown Municipal Airport）
- 抵達時間：2016 年 10 月 3 日 10:59（UTC-4，夏令時）
- 飛行時數：2 小時 11 分（多倫多→莫里斯敦）
- 飛行距離：554km

Cat 成了今次後座乘客。

行程記事

- 莫里斯敦是我人生中第一個學習駕駛飛機的地方，而我的第一個飛機駕駛執照也是在此地考得，此刻舊地重遊，好讓我回味當年往事。

第23站　03/10 ★2016★　莫里斯敦 → 考德威爾

美國，新澤西州

- 後座隊友：Cat Law
- 機場：埃塞克斯縣機場（Essex County Airport）
- 抵達時間：2016 年 10 月 3 日 12:01（UTC-4，夏令時）
- 飛行時數：6 分鐘（莫里斯敦→考德威爾）
- 飛行距離：15km（最短航程）
- 逗留時間：3 晚
- 離境時間：2016 年 10 月 6 日 15:12（UTC-4，夏令時）

Geoff 專程由澳洲飛來，協助我完成飛行達 150 小時後的大檢查。

團隊中的公關專員 Angel（左）過來與我們會合。

我跟中學同學小聚。

行程記事

● 考德威爾是當年隨父母移民美國後，我家居住的地方。

● 當我飛抵此地之際，我的父母亦返回當地旅遊，並順便接機。之後我亦伴隨他們在當地探親。

● Geoff 亦專程自澳洲飛到此地，協助我完成飛行達 150 小時後的大檢查。Gary 亦來到這裏，跟我們一起進行檢查及簽名放行。另外，先前預訂好的新螺旋槳終於送達了。

● 這一站，我分別載了香港記者甄挺良及團隊中的公關專員 Angel 飛了一轉。

● 因為當地即將颱風，所以我比預定行程提早一天離開。

美國，緬因州

考德威爾 → 班戈

06/10 ★2016★

第24站

- 後座隊友：「油缸先生」
- 機場：班戈國際機場（Bangor International Airport）
- 抵達時間：2016 年 10 月 6 日 17:25（UTC-4，夏令時）
- 飛行時數：2 小時 13 分（考德威爾→班戈） ● 飛行距離：622km
- 逗留時間：1 晚 ● 離境時間：2016 年 10 月 7 日 08:10（UTC-4，夏令時）

行程記事

到這一站，是為了辦理出境手續。接下來數站，我將獨自上路。當晚，我自己一個坐在火堆旁，對比先前的熱鬧，實在有點不慣。

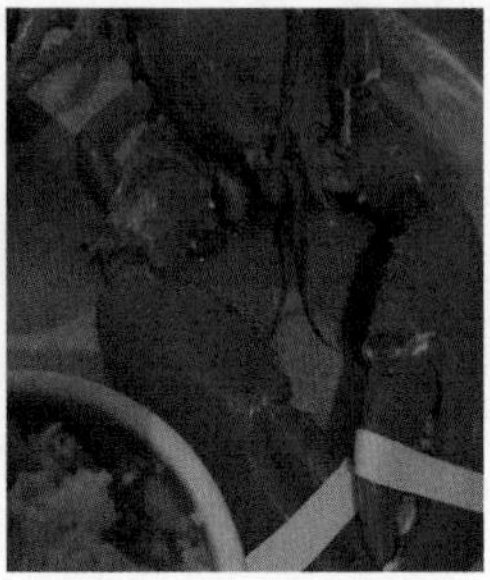

緬因州的龍蝦相當出名，不可不試！

加拿大

班戈 → 聖約翰斯

07/10 ★2016★

第25站

- 後座隊友：「油缸先生」
- 機場：班戈國際機場（Bangor International Airport）
- 抵達時間：2016 年 10 月 6 日 17:25（UTC-4，夏令時）
- 飛行時數：2 小時 13 分（考德威爾→班戈） ● 飛行距離：622km
- 逗留時間：1 晚 ● 離境時間：2016 年 10 月 7 日 08:10（UTC-4，夏令時）

行程記事

聖約翰斯是整個北美洲最東面的地方。這一帶是相當寒冷的地區，駕駛飛機時外面氣溫只有攝氏 1 度，必須穿着保溫衣；幸好順風，將航程縮短了。

● 由於天氣原因，在當地滯留了兩天。順利起飛之後，飛機便改航道，向東南方繼續航程。

● 關於保溫衣的作用：在水溫攝氏 15 度以下時穿着，萬一落水時，可以保命。如水溫攝氏 1-2 度時，沒有保溫衣只可活 2-5 分鐘。但其實保溫衣也不可保溫太久，大約只有半小時左右，而一般拯救卻需時兩小時至一天……那麼，穿上它是心理作用大於實際意義吧？

我坐在北美洲最東點，前面看過去就是大西洋，一直去就是歐洲了

Cape Spear，北美洲最東點。

離開美國，來到這靠近歐陸的小島，又是另一道風景。

葡萄牙

聖約翰斯 → 聖瑪利亞島

10/10 ★2016★

第26站

- 後座隊友：「油缸先生」
- 機場：聖瑪利亞機場（Santa Maria Airport）
- 抵達時間：2016 年 10 月 10 日 18:19（UTC，夏令時）
- 飛行時數：8 小時 17 分（聖約翰斯→聖瑪利亞島）
- 飛行距離：2545km
- 逗留時間：3 晚
- 離境時間：2016 年 10 月 13 日 07:40（UTC，夏令時）

行程記事

從聖約翰斯飛往聖瑪利亞島，需要約 8 小時的航程。這一段航程需橫越大西洋，但與之前夏威夷飛加州的航程相比，這航程輕鬆得多，因為距離較短，萬一出意外飛機跌進海裏，獲救時間也會比較快。就距離而言，飛機是有能力從聖約翰斯直飛往葡萄牙的，只是我不想太累，所以決定在中間停一站。

在這一站，國泰機長同事 Alan Cheung 專程來迎接我。

當地對飛機管制十分寬鬆，在離開之前，當地機場的一位工作人員就特地找我，希望我駕駛飛機在低空飛過，讓他可以拍攝照片。我欣然答應請求，並作了多次飛行，因為我也覺得十分好玩。

Alan 和我四處遊覽。

這班男士熱情地主動向我打招呼，我正疑惑之際，原來他們就是機場空管人員！

第27站

13/10 ★2016★ 聖瑪利亞島 → 里斯本

葡萄牙

- 後座隊友： Alan Cheung
- 機場：卡斯卡伊斯市立機場（Cascais Municipal Aerodrome）
- 抵達時間：2016 年 10 月 13 日 13:26（UTC+1，夏令時）
- 飛行時數：4 小時 46 分（聖瑪利亞島→里斯本）
- 飛行距離：1406km
- 逗留時間：2 晚
- 離境時間：2016 年 10 月 15 日 10:15（UTC+1，夏令時）

行程記事

● 因在聖瑪利亞島停留得比較久，所以比預定計劃遲了到達里斯本。Alan Cheung 亦坐在後座隨行。

● 抵達里斯本之後，我才知道 IOC 想給我一個驚喜：我的太太會在法國迎接我。然而他們沒料到我在聖瑪利亞島停留那麼久，也顧不了驚喜，直接告訴我：「你玩夠未？你太太在法國等你很久了！」

● 由於知道太太身在法國，我的心情又興奮又焦急，恨不得立即飛往法國。

適逢國際乳癌月，正舉行 Fly Pink 的活動，於是我和 Alan 也換上粉紅色的肩章。

當地著名美食：葡撻。

里斯本的城市景像。

法國

里斯本 → 圖盧茲

15/10 ★2016★

第28站

- 後座隊友： Alan Cheung
- 機場：圖盧茲 - 拉斯博爾代機場（Toulouse-Lasbordes Airport）
- 抵達時間：2016 年 10 月 15 日 14:38（UTC+2，夏令時）
- 飛行時數：3 小時 23 分（里斯本→圖盧茲）
- 飛行距離：1109km ● 逗留時間：3 晚
- 離境時間：2016 年 10 月 18 日 14:32（UTC+2，夏令時）

行程記事

● 我跟太太已差不多兩個月沒見面了，當我抵達機場時，太太早已等候多時，立即撲上來與我擁抱。

● 晚上，Gary 伉儷、Thomas Yu（國泰機長同事）、Donald（IOC 經理兼團隊藝術總監）也抵達，為我這旅程打氣，亦專程出席翌日空中巴士公司的參觀活動。

● 這裏是空中巴士公司的總公司所在，由於國泰正購入該公司 A350-900 型號的飛機，所以在公司安排下，我們得到空中巴士公司的接待，參觀他們的工廠。

● 在這一站，Donald 坐進飛機後座，享受飛行的樂趣。更精彩是空中巴士公司的一位試飛員，也駕着飛機與我們一起在空中翱翔。

第29站 18/10 ★2016★ 巴爾馬 → 法國 安納西

- 後座隊友： Simone Pang
- 機場：安納西機場（Annecy Meythet Airport）
- 抵達時間：2016 年 10 月 18 日 16:30（UTC+2，夏令時）
- 飛行時數：1 小時 58 分（巴爾馬→安納西）
- 飛行距離：459km　● 逗留時間：2 晚
- 離境時間：2016 年 10 月 20 日 12:40（UTC+2，夏令時）

太太也嘗試為飛機加油。

行程記事

- 從這段航程開始，後座乘客換成我的太太，陪伴我飛往阿爾卑斯山。
- 我有一位國泰機長同事，本身就居住在法國的安納西。他也正在自己的工作室建造飛機（RV-7），特意邀請我們參觀。我們來到了這一站，當地的風景果然如詩如畫。
- 抵達當地後，我們先往山腳跟這一位同事見面，他極力推介安納西風景秀麗。之後我與太太一面拍拖，一面在當地觀光，一共逗留了三天，這三天過得非常愜意。

公司老闆、居住在法國安納西的機長同事（中）來接機。

阿爾卑斯山山下景色，風光優美。

意大利

安納西 → 米蘭

20/10 ★2016★

第 30 站

- 後座隊友：Simone Pang
- 機場：米蘭利納特機場（Milano Linate Airport）
- 抵達時間：2016 年 10 月 20 日 15:20（UTC+2，夏令時）
- 飛行時數：2 小時 40 分（安納西→米蘭）
- 飛行距離：644km ● 逗留時間：1 晚
- 離境時間：2016 年 10 月 21 日 14:25（UTC+2，夏令時）

行程記事

● 在這段航程中，由於機艙氣溫低至攝氏零下 5 度，太太無預計氣溫如此低，把她凍僵了。這讓我覺到十分難過，因為我的原意是讓她可以好好享受，沒料到變成讓她受苦。

● 我們飛過阿爾卑斯山，可惜遇上多雲，未能欣賞山脈的壯麗景色。這一程其實頗有難度，因為怕接觸到雲層，機身會結冰，另一方面也怕被雲遮蔽視野而撞山，所以飛機攀升得越來越高，更需要吸氧氣。

● 到達米蘭後，太太乘坐飛機直接返回香港。

● 此時，Thomas Yu 已從法國來到這一站等候我。他初入行擔任副機長時，第一班機就是我跟他一起飛。他與 Teresa 一樣，也是 2009 年已經來到學校協助組裝飛機，他來幫忙的次數僅次於 Michael。還有就是，他對美食要求很高，跟着他，定有好東西吃。之後，他陪我一起前往中東。

當地夜景。

第31站

21/10 ★2016★ 米蘭 → 布林迪西

意大利

- 後座隊友： Thomas Yu
- 機場：布林迪西機場（Brindisi Papola Casale Airport）
- 抵達時間：2016 年 10 月 21 日 17:53（UTC+2，夏令時）
- 飛行時數：3 小時 28 分（米蘭→布林迪西）
- 飛行距離：889km ● 逗留時間：3 晚
- 離境時間：2016 年 10 月 24 日 09:20（UTC+2，夏令時）

我和 Thomas 在當地四處遊覽。

行程記事

● 這一程的天氣也是一般，飛機為躲避雲層，曾攀升至超過 11,000 呎，也一度下降至 500 呎。

● 在這一站，原本計劃只停留兩天，但由於下一站希臘的天氣不佳，滯留了兩天。

第 32 站

希臘

布林迪西 → 伊拉克利翁 24/10 ★2016★

- 後座隊友： Thomas Yu
- 機場：伊拉克利翁國際機場（Heraklion International Airport）
- 抵達時間：2016 年 10 月 24 日 13:33（UTC+3，夏令時）
- 飛行時數：3 小時 13 分（布林迪西→伊拉克利翁）
- 飛行距離：896km ● 逗留時間：4 晚
- 離境時間：2016 年 10 月 28 日 07:38（UTC+3，夏令時）

伊拉克利翁街景。

行程記事

● 我們跨過地中海，來到這景色怡人的地方；因下一站約旦有雷雨，是以再比預定計劃多滯留一天。事後我和 Thomas 經常被人取笑來這些甚具風情的地方「hehe」。

● 我們在這裏參觀了不同名勝古蹟，特別的地方是街貓隨處可見。

● 我們離開這裏，意味着正式離開歐洲，旅程進入新一頁。之前因為都是歐盟國家，出入境十分方便。此後中東地區的出入境手續變得較複雜。

由於人生路不熟，加上附近戰亂，來到後心情也有些緊張。圖中機場後面的山脈，已是以色列範圍，控制塔也一度叮囑我們，別要飛過去。

我們在當地所買的頭巾。

第 33 站

28/10 ★2016★ 伊拉克利翁 → 亞喀巴

約旦

- 後座隊友： Thomas Yu
- 機場：侯賽因國王國際機場（King Hussein International Airport）
- 抵達時間：2016 年 10 月 28 日 11:08（UTC+2）
- 飛行時數：4 小時 30 分（伊拉克利翁→亞喀巴）
- 飛行距離：1282km
- 逗留時間：1 晚
- 離境時間：2016 年 10 月 29 日 07:18（UTC+2）

行程記事

由於前兩站的滯留，讓我們損失了不少時間，所以在亞喀巴時，我們只能夠用半天時間觀光，我們選了附近一個古蹟 Petra 遊覽，這地方十分出名，因《奪寶奇兵》曾在這裏取景。

未能在這裏多停留，其實有些失望，而因簡栢基先生也到了巴林，我們逗留一夜就離開。

在馬路旁見到駱駝。

巴林

亞喀巴 → 穆哈拉格

29/10 ★2016★

第34站

- 後座隊友：Thomas Yu
- 機場：巴林國際機場（Bahrain International Airport）
- 抵達時間：2016 年 10 月 29 日 13:41（UTC+3）
- 飛行時數：5 小時 23 分（亞喀巴 →穆哈拉格）
- 飛行距離：1595km ● 逗留時間：1 晚
- 離境時間：2016 年 10 月 30 日 05:56（UTC+3）

飛機降落後，有多達六位公司的飛機工程師及維修員「招呼」我的飛機，十分熱情。

行程記事

● 這一程我們飛越沙地阿拉伯，陽光非常猛烈，我們在飛機內都戴上頭巾。

● 抵達巴林時，時任國泰航空公司工務董事簡栢基先生，以及駐巴林的同事 Johnathan 在當地迎接我。

● 簡栢基先生專程到來，就是為了乘坐我的飛機。第二天一早，簡栢基先生就坐在後座，隨行飛往阿曼；Thomas Yu 則自行坐飛機往下一站跟我再會合。

第35站 30/10 ★2016★ 穆哈拉格 → 馬斯喀特

阿曼

- 後座隊友：Christopher Gibbs（簡栢基先生）
- 機場：馬斯喀特國際機場（Muscat International Airport）
- 抵達時間：2016 年 10 月 30 日 10:12（UTC+4）
- 飛行時數：3 小時 16 分（穆哈拉格→馬斯喀特）
- 飛行距離：833km ● 逗留時間：5 晚
- 離境時間：2016 年 11 月 4 日 09:30（UTC+4）

行程記事

● 抵達阿曼之後，簡栢基先生讚嘆：「沙漠的風景令人驚嘆，當中沒有童話裏高聳的沙丘，但卻矗立着 5000 英尺高的大山。」他下機後，就自行返回香港了。

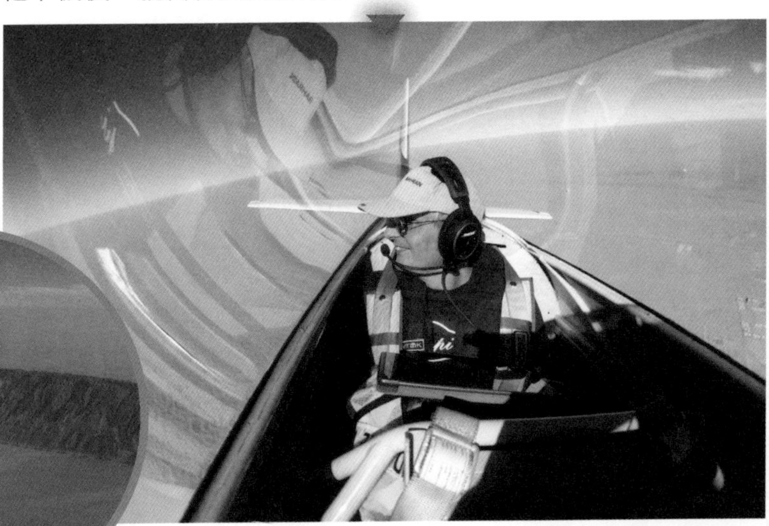

● Gary 專程來到這一站，為飛機進行飛行 50 小時後之檢查。之後他就返回香港。

● 我和 Thomas 穿上當地人的服飾，原意是不希望太與眾不同，豈料走到街上，更多人對我們好奇，連當地婦女也指着我們偷笑。

久違了的杯麵餐！多謝 Thomas Ng（圖右）山長水遠來請客。

● 另一位 Thomas（Thomas Ng）也到埗，他來的其中一個「任務」，就是為我們帶杯麵！我着實太懷念那味道了，所以特意要求他從香港帶來。結果，他的行李箱全數裝滿了杯麵！

● 我們原定的航程是：於下一站巴基斯坦穿越印度，去到孟加拉。但由於巴基斯坦限制已經降落的飛機不得停留超過 72 小時，否則就會驅逐出境，飛機更會被扣留。所以，我們選擇停留在這裏，待看清楚孟加拉的天氣轉變才出發。以免去到巴基斯坦後，因孟加拉的天氣不好而滯留超過 72 小時。

● 我們在阿曼一直觀察住天氣，不幸地孟加拉那邊的雷雨久久不散，等了三晚，終決定改道，由巴基斯坦往南轉飛斯里蘭卡。

● 因決定改道，需要至少兩日時間讓 Mike 向斯里蘭卡的民航局申請降落許可證。另外因為改道而經過印度南的領空，因此也要向印度申請批核。

● 結果，我們在這裏足足逗留了五天之久，可說是大失預算。Thomas Yu 在這裏自行坐飛機先到斯里蘭卡的科倫坡，Thomas Ng 則跟我到巴基斯坦。

我們每到一個地方，都會蒐集當地的貼紙貼在機身上。（圖中正是在巴林一站時，幾位公司的飛機工程師為我們買了一堆貼紙，讓我們挑選。）

第36站 04/11 ★2016★ 馬斯喀特 → 卡拉奇

巴基斯坦

- 後座隊友：Thomas Ng
- 機場：真納國際機場（Jinnah International Airport）
- 抵達時間：2016 年 11 月 4 日 14:30（UTC+5）
- 飛行時數：4 小時（馬斯喀特→卡拉奇）
- 飛行距離：943km
- 逗留時間：1 晚
- 離境時間：2016 年 11 月 5 日 06:25（UTC+5）

這次的隨機隊友是 Thomas Ng。

行程記事

抵達卡拉奇時，我沒預料到有許多當地的政界人物親自來為我接機，當中包括軍方代表、民航處處長、機場管理層等，場面十分盛大，讓我受寵若驚。歡迎儀式足足有三小時，但我其實一直在念掛着要為飛機入油，至於準備返港的 Thomas Ng，更差點差過了航班。

因當日入黑才返酒店，我們根本沒時間到市內觀光，這張相是我在這裏所拍到的少量相片之一。

原來，由於當地機場在 2014 年受到恐怖襲擊，自此令前往當地的遊客人數銳減，許多前往卡拉奇的航班也取消了。所以該國政府為了挽回聲譽，希望透過對我的高調接待，能夠讓世界各地可以看見當地已經安全，從而重新振興旅遊業。

礙於這裏的 72 小時限制，我也不敢多逗留，加上斯里蘭卡天氣可以，睡了一晚過後，朝早就出發到機場離開。

斯里蘭卡

卡拉奇 → 科倫坡

05/11 ★2016★

第 37 站

- 後座隊友：「油缸先生」
- 機場：拉特馬拉納機場（Ratmalana Airport）
- 抵達時間：2016 年 11 月 5 日 16:30（UTC+5:30）
- 飛行時數：9 小時 35 分（卡拉奇→科倫坡）
- 飛行距離：2791km ● 逗留時間：5 晚
- 離境時間：2016 年 11 月 10 日 06:05（UTC+5:30）

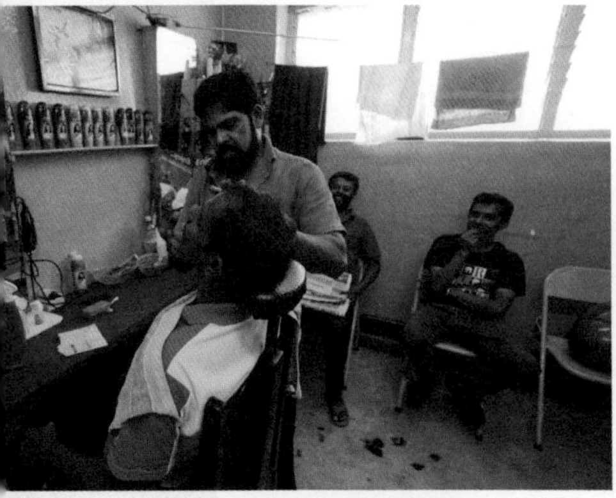

都是 Thomas Yu 是搵食專家，看看那兩隻肥美的蟹吧！

當地的火車很有古雅的風味。

這位小販見我們在拍照，竟情不自禁唱起歌來。

行程記事

● 從卡拉奇南下斯里蘭卡的航程需要 9 小時。由於工作關係，我經常駕駛飛機前往斯里蘭卡的科倫坡，所以這一段航程時間雖長，但仍算駕輕就熟。

● 抵達科倫坡時，Thomas Yu 已經坐飛機先一步來到，並在機場迎接我。

● 距離回到香港的日子越來越近了，我們原來的計劃就是 11 月 13 日上午回到香港。

● 然而，在科倫坡時，因為看到當地往布吉的航程中積了許多雲層，飛行並不安全。我們商量了很長時間，但由於天文台告訴我們那雲層將是久久不散，所以我不像之前般一天一天地等，而是乾脆延後 4 天，到第 5 天才走。

第38站 10/11 ★2016★ 科倫坡 → 布吉 泰國

- 後座隊友：「油缸先生」
- 機場：布吉國際機場（Phuket International Airport）
- 抵達時間：2016年11月10日15:00（UTC+7）
- 飛行時數：7小時25分（科倫坡→布吉）
- 飛行距離：2069km ● 逗留時間：1晚
- 離境時間：2016年11月11日07:41（UTC+7）

跟我的舊同學 Rebecca（左）及 IOC 團隊成員 Stephanie（中）合照。

行程記事

● 當我飛抵布吉時，IOC團隊成員之一 Stephanie 已經在機場迎接我。這裏有一位機長同事 Rebecca，是我在阿德萊德讀書時的同學，她在當地有一家屋，所以專程來接待我。

● 由於之前在科倫坡滯留太多天，剩餘的時間十分緊逼，我們預定三日後的上午就回到香港，所以之後各站將不能再作停留，必須第二天就要走。

第39站 11/11 ★2016★ 布吉 → 清邁 泰國

- 後座隊友：Stephanie
- 機場：清邁國際機場（Chiang Mai International Airport）
- 抵達時間：2016年11月11日14:40（UTC+7）
- 飛行時數：6小時59分（布吉→清邁）
- 飛行距離：1243km ● 逗留時間：1晚
- 離境時間：2016年11月12日07:50（UTC+7）

行程記事

● 抵達清邁時，我太太再次為我帶來驚喜：當我降落停機坪時，已見到她來抑接我。後來進入候機大樓時，我聽到有小孩大喊：「爸爸！」我心想這叫聲真像我的孩子的聲音，然後我的孩子就跑到我面前了！我真的十分感動。我已兩個多月沒親眼見過他們了！我實在非常掛念他們。

太太、兩個孩子竟然來到機場接機，我實在太驚喜了！

這次的隨行隊友是 Stephanie。

● 在環球飛行路線規劃之初，曾經想過先在三亞休息，然後才回港。事實上，我們原定由清邁直飛澳門的，但這個航程預計需要 10 小時，若改飛位於海南島的三亞，的確是比較近。因此我的計劃是先在三亞停留，然後再直飛香港。由於去中國的航程 Mike 是沒辦法安排的，所以由團隊跟三亞溝通及安排。

● 然而，這段航線到了最後還是不成事。由於遲遲未能批出許可，我在清邁一直苦候，礙於抵達香港的日期已經確定，加上要有很多人員或相關事情準備，我們只好劃下死線：如果當天晚上 7 時仍未獲得回覆，便放棄飛往三亞，改為直飛澳門。

● 最後，三亞的許可在當天晚上 9 時才收到，但當時我們已經決定轉飛澳門了。

● 那夜我們為了準備相關文件，很夜才入睡；Stephanie 於翌朝準備好飛行計劃後，也就先自行坐飛機回港，準備終點站的事宜。我則替飛機後座加上輔助油缸，並注入充足的燃油。

● 這裏還有一段小插曲，就是向越南方面申請經過其領空，其實之前中國已批準我們從南路進入中國領空，即是經海路；但越南方面卻要我們循中北路去；要知道北路的話就要經過中國陸地，這是不會容許的，但礙於時間緊逼，我們只好問越南方面南下航程是否可以通行，對方回覆沒有障礙，我們就憑這點而穿越越南領空。最後，總算成功通過。

這位泰國人，我們稱之為 Lady G，是 Mike 的合作伙伴。

第40站 12/11 ★2016★ 清邁 → 澳門

中國

- 後座隊友：「油缸先生」
- 抵達時間：2016 年 11 月 12 日 16:39（UTC+8）
- 飛行時數：7 小時 49 分（清邁→澳門）
- 飛行距離：2076km　● 逗留時間：1 晚
- 離境時間：2016 年 11 月 13 日 09:45（UTC+8）

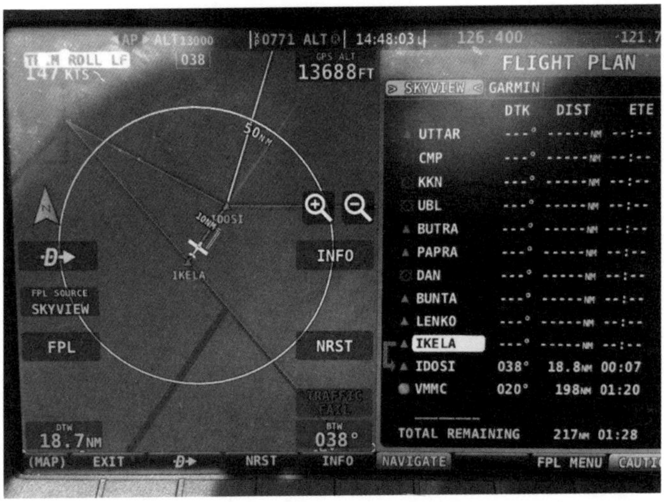

越過圖中這點名為 IKELA 的邊界導航點，就代表我們返回香港領空了！

行程記事

● 回程的路線是先從泰國飛澳門，然後再回香港。其實澳門與香港很近，為甚麼不直接飛返香港，要先經澳門一程呢？就是因為香港國際機場實在太繁忙了，萬一無法及時安排降落，要在上空盤旋等待，是否有足夠燃油便將成為問題。因此，早一天先到澳門稍作整頓，一切妥當之後，次日飛回香港直接降落就會更好。

● 抵達澳門時，Gary 和他太太已經在機場守候多時。終於來到旅程的尾聲了。但剛剛經歷近 8 小時的航程，這一刻我真的感到很疲倦。

中國

澳門 → 香港

13/11 ★2016★

第41站

- 後座隊友：Gary
- 機場：香港國際機場（Hong Kong International Airport）
- 抵達時間：2016 年 11 月 13 日 10:45（UTC+8）
- 飛行時數：1 小時（澳門→香港）
- 飛行距離：167km

行程記事

● 當天早上 7 時許，我和 Gary 已經在澳門機場準備就緒。在收到通知後，我們便從澳門機場起飛，很快，就來到長洲上空了。

● 我們降飛至 500 呎，與直升機的航線高度相近，並在長洲繞了三個圈。這是因為我們的團隊部署了好些攝影師在港島及九龍區，準備捕捉我們飛越香港上空的時刻。

● 期間 Gary 一直跟 IOC 聯絡，待一切準備就緒，我們隨即攀升至一千呎，並從西環進入，駕着 B-KOO，飛越維多利亞港。

● 原定的計劃是去到柴灣後，我們就經港島南飛往機場，但空管人員准許我們再飛越一次維港，我們當然求之不得，於是去到鯉魚門就調頭，由東至西再飛一次。

● 整個飛越維港的過程不過十多分鐘，期間 Gary 非常忙碌，不斷在聯絡，然後又進行 Facebook Live，以直播飛行中的景象，但因訊號極不穩定，經常斷線，弄至 Gary 滿頭大汗。那一刻，我跟他說不如算了。這是千載難逢的機會，不如我們就好好享受那一刻吧！我也跟自己說，不用忙於拍照了，就讓這一刻永留心中。

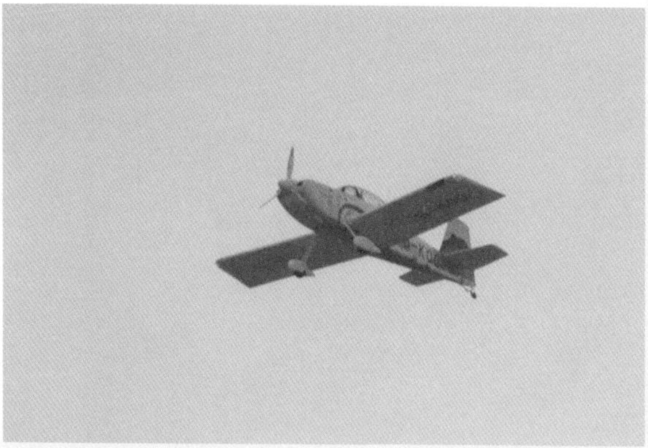

鳥瞰前啟德機場。

● 在上空看着我成長的地方，真的別有一番感受。期間我只拍了三張相片。第一張，我拍下自己的住所；第二張，我拍下舊啟德跑道。其實一切的緣起，都是來自啟德。我小時候搬家至北角，每天都在眺望飛機於啟德機場起飛和降落，大概，駕駛飛機環遊世界這夢想，就在那時萌芽的。最後一張，拍下了尖沙嘴，這個純粹因為景色實在太美了。

● 十多分鐘後，我駕着 B-KOO 從西環離開，經長洲再繞過南大嶼山，降落香港國際機場。

至此，B-KOO「香港起飛」破紀錄地成為了香港首架本土自行裝嵌及註冊的飛機，完成了為期近三個月的環球之旅。這架「香港製造」的飛機，帶着香港精神環遊世界，途中到訪了20個國家、40個機場，飛行近50,000公里！

B-KOO
HAECO

CATHAY PACIFIC
EXPERIMENTAL
HKBAC

CATHAY PACIFIC

world
CATHAY PACIFIC

EXPERIMENTAL
CREW

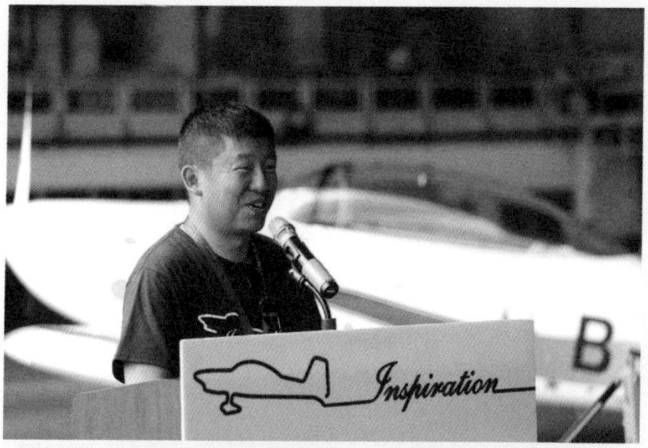
Inspiration

Inspiration

WELCOME HOME,
INSPIRATION !

EXPERIMENT

EXPERIMENTAL

飛機降落了。

很多畫面湧進腦海裏。兩年前我連在這裏起飛也差點不成，如今完成環球之旅回來，並且穿越維港；我一直追逐的夢想，終於成真。

我們先到 HKBAC 做清關手續，然後才將飛機滑行至 HAECO，在那裏，已經很多人在歡呼着，迎接我們。我固然十分高興，但熄掉引擎那刻，雙手卻十分沉重——因為我知道，將來沒有甚麼機會可再啟動她了。

為着完成這計劃，過去八年我和其他夥伴四處奔走，幾乎都沒停過。如今，劃上句號了，那刻，我着實沒有準備。

整個環球之旅，十分順利，飛機狀態也一直保持良好；我在當日的歡迎儀式致辭時，表達了對家人和團隊的感謝，也很多謝朋友們一直的鼓勵；Gary 則着重團隊的努力——78 日環球行之旅，我們在外面飛，IOC 則很多時要在半夜工作……。

我記得自己說了一句：「我們這次環球飛行，證明了地球是圓的。因為我們都是一直向東飛，結果就回來了。」

多謝每位曾為這計劃付出過的人，沒有你們任何一位，我的夢想不會成真。

多謝！

HAECO
CATHAY PACIFIC
HAECO
Inspiration

跋

一個夢想，用八年時間去成就，值得嗎？

由第一天認識 Hank，就知道他是個不喜歡浪費時間，滿腦子怪主意的人。他的想法從來沒有框框，認為有意思的，就會行動。他試過加入美軍、做過義務救護員、以至大學中途輟學投考國泰當飛機師，對我來說都只可以用「神奇」來形容。所以他跟我說想做一架飛機，希望可以駕駛自己製作的飛機，翱翔天際；這個想法，很合理。要建造飛機，我從沒有懷疑，心中只有三個問題想弄清楚。

一、計劃要用多長時間？

二、製作飛機需要多少錢？

三、你為何覺得自己做得到？

他回答：需要三年半時間，製作費七十萬左右。他又說外國很多人都自己建造飛機，之後還在網上找到一段建造小型飛機的影片給我看，確實容易。

就這樣，我就贊成了。

一眨眼就八年，每一步都是難關，但 Hank 的傻勁，凝聚了一班非常有熱誠的 航空界專才，陪他作戰—儘管時間用多了一倍、金錢也花多了一倍。我亦曾有迷茫的時候：真的需要在香港繼續嗎？Hank 堅定地答：「香港人，要有一架自己的飛機！」這句話，讓我們繼續堅持下去。

旁人笑他太瘋癲，也怨他無理家庭；其實 Hank 將家庭、工作、夢想安排得井然有序，從來都是家庭第一，他已將他的所有全給我們。

「有我們你無後顧之憂，有你我們引以為榮，我們一定會支持到底。」

在起飛的一刻，Hank 跟我說，為了夢想，無論再過多少年，也是值得。

感謝你，你讓彼此進入了大家的生命，編寫了一頁傳奇。

Simone Pang

二〇一七年六月

*Simone Pang 為鄭楚衡太太

跋

六年前喺一個偶然嘅場合，聽到 Hank 介紹 B-KOO Project，覺得呢個叔叔好有意思，比我見識到一個人為咗自己嘅夢想可以去到幾遠。熱衷於飛機嘅我點可以放過呢個千載難逢嘅機會？所以膽粗粗即場自薦加入呢個 Project，當時嘅「團隊」，基本上只係由 Hank 同 Gary 組成。

呢個 Project 想實現嘅係香港第一··第一架 made in Hong Kong 嘅飛機喺香港組裝、註冊、認證，再完成環球飛行。喺香港航空史上並無先例可以參考，亦未有一個完善嘅法例框架可以跟從。好多嘢都需要邊做邊摸索。慢慢凝聚到愈來愈多航空界內嘅好友，帶同各自嘅專業加入團隊，大家都希望能夠為香港航空業嘅發展出一分力。

一個咁大嘅團隊，當然需要時間磨合，各人亦有自己獨到嘅見解同睇法。所幸大家都清楚團隊嘅目標，即使有磨擦爭執都只會對事不對人，就算傾到面紅耳赤，傾完之後大家繼續嘻嘻哈哈有講有笑。我覺得成個 B-KOO Project，到而家達成咗所有當初定下嘅目標之餘，成功為香港航空發展出一分綿力，更難能可貴嘅係識到呢班朋友。

喺呢幾年，成個團隊由一個人發展到五百幾人，由一個人嘅夢想變成團隊嘅夢想再一齊去實現，大家本來都只係社會上寂寂無名嘅一粒螺絲，聚首一堂竟然能夠推動同創造歷史，再一次証明獅子山精神之餘，亦証明香港人只要有夢想同實踐嘅決心，必定能夠好似 B-KOO Inspiration 咁振翅高飛！

謝培鈴（Crystal）

二〇一七年六月

* Crystal 為團隊骨幹成員

還記得二〇一六年年初知道有機會加入「香港起飛」的團隊，我非常興奮，這完完全全是出於「私心」——熱愛飛行的我怎可錯過這個千載難逢的機會，近距離看看這架由香港人砌的飛機？再加上當中學到的知識，一定對我日後工作有用！

二〇一六年年中正式加入「香港起飛」的飛行運作中心，擔任飛行簽派員，主要負責製作飛行計劃，雖然與 Hank 及其團隊素未謀面，對他們卻是由衷敬佩。他們各自有全職工作，但每人都無私的為團隊付出，給我最深刻印象的是環球飛行的首航，當天天氣非常惡劣，大家都對首航不感樂觀，但大夥兒還是清晨四點多回到國泰城商量對策，準備開幕禮及應付政府官員、傳媒等，我想，要不是每人都盡力提出意見，分工合作，在這樣大壓力及惡劣天氣情況下，這個首航大概就要取消了。

往後兩個多月的環球飛行，雖然非常辛苦，但著實學了很多有用的知識，更重要的是 Hank 和這個團隊教識我一件事：世界上沒有做不到事，不要因為困難就放棄；現在解決不了，不是因為做不到，是因為你沒有想到正確的解決辦法。夢想正正就是這樣的一回事，實現夢想從來不易，從前我常常跟自己說，我有很多事情想做，但做不到，因為我沒有錢、我沒有時間、我沒有機會，但這個團隊讓我明白這些都是藉口，大多數人天生都沒有這些資源，但只要你不放棄，總有一天會做到。止如「香港起飛」，金錢、民航處的批准、來自五湖四海，各有專長的隊員，通通不是 Hank 一開始就擁有的，花了近八年的時間，用盡一切辦法，他都擁有了！

雖然環球飛行終於落幕，但這個飛機師，這個團隊的精神，相信會繼續成為香港人其中一個勵志的故事，有夢想就不要放棄！

周敏婷（Stephanie）
二〇一七年六月

*Stephanie 為「香港起飛運作中心」經理

責任編輯　梁卓倫
裝幀設計　明志
排　　版　明志　文慧
印　　務　劉漢舉

出版
非凡出版
香港北角英皇道 499 號北角工業大廈 1 樓 B
電話：（852）2137 2338　傳真：（852）2713 8202
電子郵件：Info@chunghwabook.com.hk
網址：http://www.chunghwabook.com.hk

發行
香港聯合書刊物流有限公司
香港新界大埔汀麗路 36 號
中華商務印刷大廈 3 字樓
電話：（852）2150 2100　傳真：（852）2407 3062
電子郵件：info@suplogistics.com.hk

印刷
中華商務彩色印刷有限公司
香港大埔汀麗路 36 號中華商務印刷大廈

版次
2017 年 7 月初版

規格
特 16 開（240mm x 170mm）

ISBN
978-988-8463-99-2

相片鳴謝：
Karen Yung
Philip Chan
Tim Wong
Colin Parker
Winggo
Lamb Ho
Freesome Lee

特別鳴謝：
奧林巴斯 Olympus

本書所有收益將撥捐「恩光之友會」，該會由國泰航空義工隊為智障及殘障兒童成立。

香港起飛

口述 —— 鄭楚衡　達仁

筆錄 —— 盧韋斯

香港起飛
環球之旅路線圖